신개념 한자 학습서 4

황금제국 조선의 신성문자

조옥구 지음

학자원

동방의 등불

타고르

일찍이 아시아의 황금시대에
빛나는 등불이던 코리아

그 등불 다시 켜지는 날
너는 동방의 밝은 빛이 되리라

마음에는 두려움 없고
머리는 높이 쳐들린 곳

지식은 자유롭고
좁은 울타리로 세상이 조각조각 갈라지지 않는 곳
진실의 깊은 곳에서 말씀이 솟아나는 곳.

지성의 맑은 흐름이
굳어진 습관의 모래 벌판에서 길을 잃지 않는 곳

무한히 퍼져나가는 생각과 행동으로
우리들의 마음을 자유의 천국에 인도하는 곳.
내 마음의 조국 코리아여 깨어나소서.

일러두기

1. 우리 글의 명칭인 '한자'와 '한글'에 대해서는 다양한 견해들이 존재하는데 본 서에서는 한자와 한글을 '하늘문자'라는 의미로 사용함을 밝혀둔다.

2. 본 서의 제목 '황금제국 조선의 신성문자'에서 조선을 황금제국으로 표현한 것은 조선을 한민족사의 황금기, 동양문명과 인류문명의 황금기로 본다는 의미다.

3. '한자'와 '한글'을 신성문자로 부르는 것은 '한자'와 '한글'이 하늘로 통하는 신성(神聖)한 문(門)이라는 의미이며 동시에 '한자'와 '한글'에는 하늘의 신성(神性)이 담겨 있다는 의미다.

들어가기

1.

‘모든 길은 로마로 통한다’라는 말은 왕성한 도시국가 로마의 위상에 빗대어 사람들이 흔히 사용하는 문구다.

그러나 로마의 이야기는 이미 과거의 이야기다.

이제는 ‘모든 인문은 조선으로’ 또는 ‘모든 지성은 조선으로’라는 말이 인구(人口)에 회자(膾炙)되어야 한다고 생각한다.

왜냐하면 ‘조선(朝鮮)’은 현재 진행형이며 인류의 미래 이야기이기 때문이다.

동양에서 글을 좀 읽어본 사람이라면 어렴풋이라도 짐작하는 바가 있을 것이다.

오늘 우리가 향유하고 있는 ‘지식’이라는 것의 기원이 과거 어느 한 시기에 집중되어 있다는 것을.

과거의 어느 시기란 공자(孔子) 선인께서 앞서 언급하신 ‘요순(堯舜)과의 소통(疏通)’이라는 표현에 잘 드러나 있다.

공자 선인께서는 ‘술이부작(述而不作)’을 언급하시며 본인의 지식의 원천은 ‘요순(堯舜)’이라고 언급하셨다.

공자께서 ‘요순(堯舜)’이라는 인물을 거론하며 말씀하신 내용의 시기가 바로 고대 조선의 시기다.

바꾸어 말하면 요순이 바로 고대 조선의 왕들이었다.

우리가 조선을 주목해야 하고 조선은 진행형이며 미래라고 한 이야기의 배경이기도 하다.

2.

동양에는 수 천 년의 세월에 걸친 온갖 지식과 지혜가 농축되어 있는데 근원을 찾아 바르게 가다보면 마침내 어느 한 곳에 다다르게 된다. 그 시기와 장소가 바로 고대 '조선(朝鮮)'이다.

우리 민속과 문화가 시작된 시점이 조선이며 우주와 자연 세상에 대한 관념이 정립되어 우주관, 세계관, 삶의 철학 등 가치관이 정립된 시기가 또 고대 조선이고 오늘 우리 한국인이 사용하는 문자와 말이 정립되는 시기가 바로 조선이다.

고대 조선(朝鮮)은 당시의 선인들이 터득한 우주관, 세계관을 배경으로 하늘을 모방하여 땅에 세운 최초의 나라였으므로 동양 역사의 기원을 찾는 일도 조선에서부터 시작해야 하며 세상에서 이상적인 국가 경영의 사례를 찾는 일도 조선을 대상으로 해야 한다.

조선이야말로 우주 자연의 이치에 가장 근접한 주인공들의 철학이 반영된 조직과 운영 원리를 갖춘 최초의 나라이기 때문이다.

3.

《산해경(山海經)》은 말한다.

東海之內 北海之隅 有國名曰朝鮮 天毒 其人水居 偎人愛之

동해지내 북해지우 유국명왈조선 천독 기인수거 외인애지

"동해의 안쪽 북해의 모퉁이에 나라가 있는데 이름이 조선이다. 하늘이 기르는 사람들이 사는 나라(=하늘나라)다. 그 사람들은 물가에 모여 살며 생명을 경외하고 (서로)사랑한다"

《산해경(山海經)》은 작자와 연대 미상의 인문지리서(人文地理書)로 알려져 있는데, 크게는 '산경(山經)'과 '해경(海經)'으로, 또 '해내경(海內經)'과 '해외경(海外經)'으로 구분되며 위 조선에 대한 기록은 '해내경(海內經)'에 포함되어 있다.

'해내경(海內經)'이란 '바다를 경계로 그 안쪽'을 의미하므로 바꾸어 말하면 '우리나라'라고 할 수 있다.

'해내경(海內經)'이란 제목과 위 글귀 그리고 전편의 내용으로 미루어 《산해경(山海經)》의 저자는 조선인이거나 조선을 매우 동경하는 사람일 것으로 추측된다.

고양 임금의 넷째 아들 사방책봉(四方冊封)씨의 아들이며 조선의 마지막 비운의 제왕 백익(伯益)을 《산해경(山海經)》의 저자로 보기도 한다.

조선을 설명하는 내용 중에 보이는 '하늘이 기른다', '생명을 경외한다', '사람을 사랑한다' 등의 표현은 고대 조선인들의 가치관, 삶의 철학을 표현한 것으로 볼 수 있는데, 도대체 어떤 사람들이어야 '하늘이 기른다'라고 당당하게 선언하듯 표현할 수 있는 것일까?

나는 오늘 우리가 자연스럽게 생각하는 '하늘나라'에 대한 원형이 있다면 그것은 아마도 '조선'일 것으로 생각한다.

이 책의 제목에서 '조선'을 일컬어 '황금제국'이라 부른 까닭이기도 한데, 아마도 한겨레의 자취에서 나아가 동양의 역사에서 황금기를 찾는다 해도, 인류의 자취를 통틀어 황금기를 찾는다 해도 역시 조선을 제외하고는 생각하기 어렵다.

인류의 황금기라고 해도 과언이 아닐 만큼 조선의 지식과 지혜, 가치관, 삶의 철학은 이미 보편적이기 때문이다.

《산해경(山海經)》의 저자가 전하려 했던 의미도 이에서 크게 벗어나지 않을 것이다.

4.

하지만 아쉽게도 오늘 우리는 황금제국(黃金帝國)이었던 조선(朝鮮)을 잃어버렸다. 악화(惡貨)가 양화(良貨)를 구축(驅逐)하듯 아류들이 판치는 역사의 현장에서 조선은 흔적을 찾는 일조차 어렵게 되었다.

우리 초중고 교과서에서 '조선'의 역사에 대한 기술 분량이 한줌을 넘어서지 못하니 국민교육을 받은 대다수 한국인은 '조선'에 대해서 아는 바가 거의 없이 살아간다.

우리의 정체성이며 삶의 닻이라 할 수 있는 '조선'을 잃어버림으로써 정처 없이 유랑할 수 밖에 없는 것이 오늘 우리 겨레의 현실이다.

'하늘이 기르는' 우리 조선의 위상이 어찌 이리되었을까?

생각하면 답답하지만 지금이라도 자각하지 않으면 초목과 무엇이 다르랴!

이 방황을 멈추고 새 출발의 계기를 만드는 것은 순전히 오늘 우리의 몫이다.

우리의 역량을 집중해서 우리 겨레의 자취를 다시 볼 수 밖에 없다.

후기의 조선(朝鮮)과 고리(高麗)와 진국(渤海), 고구리(高句麗), 백제(百濟), 신라(新羅), 가락(駕洛)의 역사를 넘어 부여(扶餘)를 지나 고대 조선(朝鮮)을 향해서 우리 겨레의 우리다움 즉 우리 겨레의 정체성을 찾아야 한다.

국가 운영체제는 왜 음양(陰陽)과 천지인(天地人)이며, 왜 삼한관경제(三韓官境制)인지를 알아야 한다.

그들이 나라를 세우고 환(桓), 배달(倍達), 조선(朝鮮), 한(韓) 등으로 불렀던 까닭과 추구했던 가치는 무엇이고 조선인들이 삶 속에서 실천하려했던 목표는 무엇인지를 알아야 한다.

노예의 역사도 '역사는 역사다'라고 말하려면 노예로의 생활 속에서라도 그들이 추구했던 삶의 가치, 철학이 담겨 있어야 한다.

어느 경우든 우리의 정체성을 알려면 고대 조선을 알아야 한다.

그 속에 우리가 알아야 하고 알려고 하는 모든 것이 담겨 있기 때문이다.

5.

하늘의 오묘한 섭리를 알기 전에는 아쉽고 안타까울 수 밖에 없는 것이 삶을 가진 존재들의 비참한 운명이다.

그러나 하늘은 결코 무심한 존재가 아니다.

다 잃어버리고 더 이상 잃어버릴 것이 없을 만큼 빈궁한 처지에서도 언제든 자각하기만 하면 원상을 회복할 수 있도록 이미 배려하고 있기 때문이다.

그런 의미에서 우리의 일상 언어와 문자는 하늘이 오래전에 우리 겨레와 인류를 위해 배려해 놓은 비밀창고다.

우리의 언어와 문자 속에는 우리의 정체성을 비롯하여 인류 문명에 대한 비밀이 가득 담겨 있는데 그 언어와 문자의 바탕에 또 조선(朝鮮)이 자리하고 있는 것이다.

제목에서 말하는 '신성문자(神聖文字)'는 바로 그런 의미에서 붙여진 이름이다.

하늘의 신비를 가득 담고 있는 조선의 문자 오늘 우리가 한자, 한글로 부르는 바로 그 문자다.

특히 문자(文字)를 통한 고대 조선 동이의 흔적 찾기는 매우 의미있는 일이다.

문자는 자체로 엄정한 논리적 관계를 나타내기에 최적화된 기호체계이므로 이 논리적 관계를 잘 추적하면 고대 문자의 변화 과정은 물론 그 문자를 만든 주체들의 가치관을 알 수 있는 단서가 수두룩하다.

사료(史料)가 없어 알 수 없는 우리 고대 조선의 실체를 만날 수도 있다.

문자 속에 이 문자를 만들 사람들의 자취와 삶의 철학이 남아있기 때문이다.

문자는 하나 하나가 모두 소중한 사료(史料)다.

다만, 우리 문자를 사료로 활용하기 위해서는 우리말과 문자에 대한 몇 가지 사실에 대하여 미리 알고 있어야 한다.

첫째는 하늘과의 관계다. 하늘과 연결되지 못하면 그건 고대 조선의 문자가 아니다.

고대 조선 동이의 정체성이 하늘이기 때문이다.

둘째는 홍익이다. 홍익이란 살림이다. 살림의 정신이 담겨있지 않으면 조선의 문자가 아니다.

셋째는 음양이나 천지인의 논리적 기반이다. 이 두 가지 논리로 설명할 수 없는 것은 조선의 문자가 아니다.

모양이 아니면 소리에서라도 조선의 문자는 이 논리의 체계를 이루고 있다.

한자와 한글을 신성문자(神性文字, 神聖文字)라고 부르는 이유는 이 문자들이 모두 하늘의 신성으로 통하는 문(門)이기 때문이다.

이 문자를 통해서 우리는 하늘의 신성을 만날 수 있다.

21세기 세계가 새롭게 재편되는 중요한 시기에 황금제국의 신성문자 -고조선 문자- 는 조화와 평화로 하나되는 세계를 위한 필요적 텍스트가 될 것이다.

甲辰年 11월

豊壤人 長坪 趙 玉 九

목차

제4장 조선(朝鮮)의 신성문자(Ⅲ) - 한글

제 1 장

황금제국 조선(朝鮮)

1. 우리에게 조선(朝鮮)은?

어느 시대나 그 나름의 시대정신(時代精神)이라는 것이 있는 법이다.

시대정신이란 공동체가 직면한 문제를 알아차리고 대응하는 공동체적 공감능력을 일컫는 것으로, 공동체의 영속을 위해 필수적인 요소라 할 수 있다.

그래서 비교적 평화로운 시절을 살아가는 오늘 우리도 이 시대 우리가 지키고 추구해야할 가치는 무엇일까를 생각하지 않으면 안된다.

그래서 늘 깨어 '우리'를 돌아보아야 한다.

우리는 왜 한겨레이며 배달민족이라 하는가? 이 용어는 언제부터 사용했는가?

우리는 낳아주신 분을 왜 아버지, 어머니라 부르며 이 호칭은 언제부터 사용하기 시작했을까?

해는 왜 해이며 달과 별은 또 왜 그러한가?

손과 발은 무엇이고 눈, 코, 귀, 입과 얼굴은 또 무엇인가?

왜 머물러 사는 곳을 '집'이라 부르는가? '집'은 무엇이며 언제부터 사용했는가?

울타리와 마당과 마루와 방은 또 무엇인가?

우리는 왜 허기를 채우기 위해 먹는 것을 '밥', '진지'라 부르는가?

국은 무엇이고 찬(반찬)은 무엇인가? 이런 이름은 언제부터 사용하기 시작했는가?

옷과 의복은 무엇인가?

'우리'를 생각하면 먼저 떠오르는 것들이다.

그렇다면 더욱 '우리'는 무엇인가?

'우리'와 관련해서 생각해보면 실상 모르는 것이 너무 많다는 것을 알게 된다. 몰라도 살아가는데는 어려움이 없다고 말할지 모르지만 '우리'라는 공동체를 이해하지 못하고는 공동체가 직면한 위기의 실체를 알아차리기 어렵고 시대정신을 논하기는 더욱 어렵다. 위기를 알아차리지 못하면 공동체의 영속은 불가능하다.

우리 겨레에게 있어서 '우리'는 '자아(自我)'를 일컫는다. 이 용어를 처음 만든 사람들의 의식과 인식이 그러했기 때문이다.

'자아(自我)'는 오직 '나의 나다움'이라고 할 수 있으므로 '자아(自我)=우리'라는 말은 이해하기 어려울 수도 있는데 이 말을 처음 만들어 쓴 사람들이 고대 조선(朝鮮)의 지식인들이고 그들에게 있어서 '자아(自我)'와 '우리'는 하나였다.

따라서 '나다움'을 추구하면 할수록 '우리'가 된다는 이것을 이해하기 위해서라도 우리는 조선(朝鮮)을 주목하지 않을 수 없다.

나의 나다움을 넘어 우리의 우리다움 그리고 한겨레의 한겨레다움을 회복하기 위해서 우리가 먼저 해야 할 일은 적어도 '우리'가 우리다웠던 시절로 돌아가는 것인데 그 시절이 내게는 고대 조선(朝鮮) 외에 달리 떠오르는 바가 없다.

조선을 알아가는 것과 관련하여 '지금까지 모르고도 잘 살았다' 또는 '나는 조선과 무관하다'라고 할 수도 있는데 그러나 그 또한 쓸데없는 교만이며 고집이다.

고대 조선을 찾는 일은 곧 각자의 자아(自我)를 찾는 일이기 때문이다.

알면 알수록 더욱 궁금해지는 나라가 고대 조선(朝鮮)이다.

다른 견해들이 있을 수 있겠지만 내가 고대 조선을 주장하는 이유는 다음과 같다.

1) 우리 겨레 정체성의 요람(搖籃)

모든 생명체들에게는 '정체성(正體性)'이 있다.

사람에게는 사람 고유의 정체성이 있는 것이고 소나 말이나 돼지나 개, 닭 조차도 그들 고유의 정체성이 있는 법이다.

'정체성'이라는 용어가 어렵다면 소가 소인 까닭, 개가 개인 까닭, 닭이 말이 될 수 없는 까닭을 생각하는 방법도 있다.

그렇다면 사람이 사람인 까닭은 무엇이며 남자(여자)가 남자(여자)인 까닭은 또 무엇일까? 게르만이나 앵글로 색슨과 비교해서 한겨레가 한겨레인 까닭은 무엇일까?

이렇듯 생각의 폭을 넓혀가다 보면 모든 개체는 차상위 어딘가에 예속되어 있다는 것을 알게되고 민족공동체와 인류와 하늘의 차원을 이해하게 된다.

일찌기 이 관계를 터득했던 주인공들이 바로 조선의 동이족들로, 그들에게 있어서 '나'는 곧 '우리(공동체)'일 수 밖에 없었던 것이다.

다만 '인류'와 '하늘'의 차원은 공동체로써는 궁극에 속하는 것이지만 추상성(抽象性)이 강하고 또 다분히 주관 의식과 관계된 것이어서 공동체적 대상으로는 조금 막연한 부분이 있으므로 공동체의 전형으로는 민족공동체를 꼽는 것이 보통이다.

사람은 태어나는 순간 민족공동체의 구성원이 되는데 정상인이라면 누구나 '우리 겨레의 정체성은 무엇일까?'를 생각하는 것이 자연스럽고 당연하다.

그래야 나의 삶이 민족 공동체의 정체성을 훼손하지 않고 민족 공동체적 유산을 상속받으며 공동체적 지혜와 가치 실현에 기여할 수 있기 때문이다.

그렇다면 이제 민족공동체의 정체성에 눈뜬 우리들은 어디에서 정체성을 학습하고 강화하며 어떻게 전하고 가르칠 것인가?

후기 조선(朝鮮)과 고리(高麗) 그리고 고대의 고구리(高句麗), 백제(百濟), 신라(新羅), 가락(駕洛), 발해(渤海), 부여(夫餘) 등 역대로 여러 나라들이 있지만 우리 겨레의 겨레다움을 체험할 수 있는 대상으로는 고대 조선(朝鮮)을 빼놓고는 생각할 수가 없다. 우리의 언어와 문자와 민속과 문화 등 지혜와 가치관, 우리 겨레 고유의 삶의 철학을 고려한다면 더욱 고대 조선을 주목해야 한다.

세상이 변하면 변할수록, 삶의 시간이 빨라지면 빨라질수록, 생활이 넉넉하고 여유로우면 여유로울수록 우리 겨레의 정체성은 근본에서 벗어나지 않도록 '우리'를 건강하고 견고하게 붙들어줄 버팀목이기 때문이다.

2) 동양 문명의 발상지(發祥地)

인류의 기원과 자취를 설명하는 자료에서 언제나 첫머리에 등장하는 용어가 인류 문명의 4대 발상지(發祥地)다.

언젠가 현생 인류가 지구촌에 출현했을 것인데 대체로 '주거와 수렵 어로가 용이한 산비탈 강가 4곳에서 각기 처음 문명이 시작되었다'는 주장이 바로 '4대 문명'의 내용이다.

인더스 문명(Indus Civilization), 메소포타미아 문명(Mesopotamian Civilization), 이집트문명(Egyptian Civilization), 황하문명(Yellow River Civilization)으로 일컬어지는 4대문명은 그러나 역사의 연구가 깊어지면서 문명간 약간의 교류 흔적이 발견되는 등 '자생문명(自生文明)'의 면모에 의문이 들기 시작했다.

우선 자생문명이 되려면 주변 세상 만물에 대한 독자적인 인식체계가 있어야 한다.

만일 모든 문명권이 '해(日)'를 '해'라고 부르고 '달'을 '달'이라고 부르며 '별'을 '별'이라고 부른다면 이 문명권들은 분명 어느 한 문명으로부터 영향을 받은 것으로 보아야 한다.

'물'이나 '불', '집' 등 용어의 경우도 마찬가지다.

이들 용어를 공유하는 문명이 있다면 그 문명 사이에는 분명 모종의 교류가 있었을 것이다. 독자적인 인식체계나 고유의 호칭이 없다면 그 문명은 다른 문명으로부터 영향을 받아 형성된 파생문명(派生文明)으로 보아야 한다.

언어는 이처럼 자생문명과 파생문명을 구분하는 척도이기도 하다.

그런 측면에서 '인류의 언어는 하나에서 출발했다'고 주장하신 박병식 님의 연구는 크게 주목할 만한 것이었지만 아직 세상이 알아보지 못하고 있다.

박병식 님의 주장대로 '말'의 기원이 하나였다면 문명의 기원도 하나일 가능성이 있으며 그 하나는 4대 문명 중에서도 '황하문명'일 가능성이 매우 크다.

황하문명이 자생문명이라고 말할 수 있는 근거는 고대 조선의 언어와 문자의 연구가 깊어지면 보다 선명하게 드러날 것이다.

전문가들의 견해에 따르면 메소포타미아 문명과 이집트 문명은 자생문명이 아닐 가능성이 있으며 인더스문명은 주체인 아리안(Aryan)족이 '알' 토템족인데 '알' 토템은 동양 고대 고양씨로부터 기원하였으므로, 인더스문명의 주체가 바로 황하문명의 주체와 동일한 혈통일 가능성을 배제할 수 없다.

사람은 호기심의 동물이므로 이 호기심을 제대로 활용하면 마침내 문명의 신비로운 뿌리에 도달할 것인데 하늘이 우리에게 호기심을 남겨둔 것은 마치 달팽이가 더듬이로 방향을 잡아 나아가듯 하늘의 신비를 더듬어 찾아오도록 장치한 하늘의 배려가 아닐까 생각해본다.

문명(文明)은 '문(文)으로 밝아진(明) 세상'을 의미하고 '문(文)'은 또 '하늘로 통하는 문(門)'이므로 문명(文明), 문화(文化), 인문(人文), 문자(文字) 등을 통해 하늘을 알 수 있기 때문이다.

'하늘을 안다'는 것은 오늘 우리에게는 그리 특별한 명제라고 할 수는 없다. 하지만 아직 야만의 상태에 머물러있던 고대 인류에게 있어 '하늘'이란 존재의 인식은 인류의 상태를 야만(野蠻)과 문명(文明)으로 구분하는 결정적인 계기가 된다. 이러한 관점에서 보아야 우리의 '개천(開天)'의 경험도 그 의미가 극대화된다.

'개천(開天)'이야말로 인류의 '하늘'에 대한 최초 인식의 상징적 표현이며 그 결과로 나타나는 현상이 문명(文明)이며 문자(文字)이기 때문이다.

세상 지식의 궁극은 문명(文明)이고 문명의 내용은 문자(文字)이며 문자(文字)의 '문'은 하늘로 통하는 통로(門)이므로 동양 최초 완성형 문자 한자와 한글을 통해서 우리는 지식의 궁극에 이를 수 있으며 공교롭게도 이 두 문자가 고대 조선에서 만들어지기 때문에 동양 문명은 고대 조선에서 기원한 것이라고 말할 수 있다.

고대 조선의 세계관을 알면 문자를 알 수 있고 문자를 통해서 궁극의 하늘을 아는 것이 가능하다는 것도 동양 문명이 고대 조선에서 기원했다는 사실을 뒷받침한다.

하늘이야말로 인류 문명이 지향하는 최후의 목표인 것이다.

3) 문자(文字)의 시원지(始原地)

인류의 문자 사용은 인류가 '영장'이라는 칭호로 불리는 결정적인 계기가 된다.

그만큼 인류의 자취에서 문자의 기원은 중요한 계기가 되는데 과연 동양의 문자 한자는 언제 누가 만든 것일까?

지금까지는 '황제의 사관인 창힐(蒼頡)이 문자를 만들었다'라고 전해오지만 실체를 확인할 수 없다는 것을 서로 알기 때문에 더 이상 추궁하지는 않는다.

그렇다고 방법이 없는 것은 아니다.

백자초문(百字抄文)의 연구 결과에 따르면, '문자(文字)'는 원래는 '문(文)'이라고 할 수 있으며 '문'과 '문'을 결합하여 다시 만든 글자를 '자(字)'라고 하므로 문자의 원래 이름은 '문(文)'이라고 할 수 있다.

따라서 최초의 어떤 글자를 '문'이라고 이름 지어 부른 사람을 알면 문자를 만든 사람이 어느시대 누구인지 쉽게 알 수 있다.

한 가지 단서라면, 현재 지구상에서 '문(文)'의 의미를 정확하게 정의할 수 있는 사람은 한국인이 유일하며. 언제부터인지는 잘 알 수 없지만 '문(文)'을 '문'이라고 이름지어 부르기 시작하여 지금까지 변함없이 '문'이라 사용하는 사람들이 바로 우리 자신들이라는 사실이다.

문(文)'은 오늘 우리가 일상으로 사용하는 '문(門)'과 같은 의미로, '출입문'이라고 할 때의 바로 그 '문'이다

우리말의 의미에 익숙치 않아서 의아하게 들릴 수도 있으나 이것은 사실이다.

이렇듯 문자의 기원과 관련해서는 우리 겨레와의 연관성을 유추할 수는 있으나 그럼에도 불구하고 지금까지는 언제 누가 어떻게 만들었는지를 설명하기는 어려웠다.

하지만 1900년대에 들어서며 문자의 기원을 알 수 있는 사료들이 쏟아져 나오고 명문(銘文)에 대한 '문자학(文字學)' 분야의 연구가 결실을 거두기 시작했다.

이 문자들은 주로 청동제(青銅制) 제사용 그릇에 새겨진 명문(銘文)의 형태로 되어 있는데 이들 제기(祭器)는 고대 조선의 왕실 귀족들의 소유물이며 조선의 왕실 귀족들은 이 제기에 약간의 내력과 더불어 자신들의 이름자를 새겼던 것이다.

다음은 문자가 고대 조선에서 기원하였으며 문자 가운데는 조선 왕실 귀족들의 이름자가 포함되어 있음을 뒷받침하는 자료들이다.

①『금문신고(金文新攷)』

청동기 명문의 해석과 관련해서는 송(宋)나라 사람 설상공(薛尙功)과 청(淸)나라 사람 오대징(吳大澂)을 비롯한 여러 금문 연구가들과 낙빈기(駱賓基) 선생의 공로를 인정하지 않을 수 없다.

특히 1994년 6월 77세로 타개한 중국의 금문학자 낙빈기(駱賓基, 본명 張璞君) 선생은 청동기 명문의 내용을 비로소 정확하게 읽어내기 시작한 이 분야 최고 전문가라고 할 수 있다. 본격적인 문자학 연구는 1900년대 중국의 낙빈기(駱賓基) 선생의『금문신고(金文新攷)』의 출간으로부터라고 할 수 있기 때문이다.

낙빈기(駱賓基) 선생은 고대 청동기에 새겨진 명문을 새롭게 해석하여, bc2517년 경 동양사의 첫머리를 장식한 한민족 동이계의 시조 염제 신농(炎帝 神農)과 한족의 시조 황제 헌원(黃帝 軒轅)의 계보를 밝혔으며 소남자 김재섭 선생과의 서신 교류에서 사마천(司馬遷)의 『사기(史記)』〈오제본기(五帝本紀)〉의 내용이 '고조선 본기(古朝鮮本紀)'라는 데에 의견의 일치를 이루기도 했다.

낙빈기(駱賓基) 선생은 나아가 우리의 조선(朝鮮)은 동양 최초의 국가로써, 기원전 2517년 상원갑자원년(上元甲子元年)으로부터 기원전 2298년까지 219년간 존속하였으며, 조선(朝鮮)을 이은 한(韓)의 시대에 이르기까지 염제신농(炎帝 神農, 한민족)과 황제헌원(黃帝軒轅, 한족) 계열이 사이좋게 번갈아 가며 왕위에 오르던 시대라고 주장했다.

낙빈기(駱賓基) 선생의 이 같은 해석은, 고대 문자가 단순히 문자의 차원에만 머무는 것이 아니라 역사의 영역에서도 강력한 발언권을 가지고 있다는 것을 의미한다.

실제로 고대 문자 특히 명문에 나타난 초기 문자들은 우리가 찾고 있는 고대 조선의 역사 그 자체라고 해도 과언이 아닐 만큼 초기 문자에는 조선의 역사가 가득 담겨 있다.

『금문신고(金文新攷)』는, 지금까지 전해오는 각종 전적을 정리한 전적집(典籍集), 출토된 각종 화폐에 새겨진 글자를 정리한 화폐집(貨幣集), 병장기에 새겨진 글자를 풀이한 병명집(兵銘集), 오제시기 주요 인물들을 연구한 인물집(人物集) 등 4개의 주제로 구성되어 있으며 이미 국내에도 오래전에 소개되어 많은 분들이 금문연구에 활용하고 있다.

『금문신고(金文新攷)』야 말로 문자의 기원은 물론 고대 조선을 비롯한 동양 고대사 연구에 반드시 필요한 필독서라고 생각한다.

② 당우삼과병(唐虞三戈兵)

우리의 조선(朝鮮)을 주목하게 하는 또 하나의 놀랄만한 유물이 청동제 '당우삼과병(唐虞三戈兵)'이다.

1900년대 초 청나라 말기에 북경의 서남쪽 하북성 보정(保定) 청원(靑苑)에서 bc2300년 경에 제조된 청동제 칼(창칼, 무기) 3개가 출토되었는데, 이 칼의 표면에 옛 문자가 새겨져 있었다.

이 청동제 유물에 새겨진 문자를 연구한 『금문신고(金文新攷)』의 저자 낙빈기(駱賓基) 선생은 이를 '요순(堯舜)시대 역사 인물들의 족보'로 보고 '당우삼과병(唐虞三戈兵)'이라 이름 지었다.

'당우삼과병(唐虞三戈兵)'이란 도당(陶唐)씨 요(堯)임금과 우순(虞舜)씨 순(舜)임금의 가계(家系)가 기록된 3개의 창(무기)이란 의미다.

'당우삼과병(唐虞三戈兵)'에 대해서는 낙빈기 선생의 『금문신고(金文新攷)』《병명집(兵銘集)》에 상세하게 소개되어 있으므로 본서에서는 낙선생의 주장을 간단하게 소개하는 것으로 그치려 한다.

낙선생의 설명에 따르면, 3개의 칼에는 염제 신농씨의 손(전욱 고양씨 외), 증손(축륭, 구축, 곤, 사방책봉 외), 고손(오회, 순 외) 3대의 족보(族譜)가 새겨져 있는데 이 칼 족보의 의미는 무엇보다도 당시인들이 직접 새긴 당시의 '글자'라는 것이다.

당시의 글자라는 말은 우리가 전언으로 들을 수 밖에 없었던 신농(神農), 전욱 고양(高陽), 축륭(戌祝), 구축(瞿祝), 중여 곤(鮌), 사방책봉(四方冊封), 오회(吳會), 순(舜) 등 고대 인물들의 이야기를 당시인들로부터 직접 듣는다는 것을 의미한다.

더구나 칼 족보에 등장하는 인물들의 의미는 단순히 개인의 영역에 그치는 것이 아니다. '신농(神農)'은 '신농'으로만 존재하는 것이 아니고 '황제(黃帝)', '치우(蚩尤)'와 더불어 '3조(三祖)'로 합을 이루어 존재하며 순(舜)임금은 요(堯)임금과 서로 떨레야 뗄 수 없는 관계로 존재하므로 이 족보 상의 인물들을 중심으로 방계 인물들의 계보나 시대상을 복원하는 것도 가능하다.

뿐만 아니라 고대 청동기에 자기 가계(家系)를 기록할 정도의 세력이라면 이는 청동기를 장악한 왕실 귀족을 의미하기 때문에 청동제 칼날에 새겨진 족보의 출현을 통해 당시의 종묘사직을 실체를 규명하는 것이 가능해진다.

그런데 '당우삼과병(唐虞三戈兵)'의 제작 연대가 고대 조선의 시기와 겹치고 출토 지역 또한 고대 조선의 영역에 속해 있으며 이 청동 칼날의 명문 즉 족보에 등장하는 인물들의 이름자가 오늘 우리가 사용하는 우리 말과 문자와 관련이 있다는 것은 명문상의 인물들이 바로 고대 조선의 왕실귀족들이라는 것을 강력하게 뒷받침한다.

'당우삼과병(唐虞三戈兵)'의 출현은 바야흐로 베일에 가려져있던 고대 조선이 마침내 황금 빛이 찬란한 신비로운 모습을 드러내는 사건에 비유할 수 있다.

③ 청동기 명문의 의미

청동기 명문으로 인한 고대 조선사 재발견의 의의를 더욱 깊게 하기 위해서는 문자의 사료적 가치를 생각해 보는 것이 필요하다.

역사학에서 '문자(文字)'는 조금 특별한 존재다.

왜냐하면, '문자(文字)가 있으면 역사(歷史), 문자가 없으면 선사(先史)'로 구분할 정도로 문자의 존재 유무는 역사 성립의 관건이라고 할 수 있기 때문이다.

그래서 '역사'가 있다는 말은 '문자'가 있다는 말로 대치할 수 있다.

문자와 역사는 이처럼 서로 뗄레야 뗄 수 없는 운명적 존재인 것이다.

그럼에도 불구하고 역사에서 문자의 가치는 종종 외면당하기 일쑤였다.

문자는 그저 기록하는 도구로써 단순한 용도 이상의 어떤 의미가 있으리라고 생각하지 않기 때문이다.

그러나 이러한 인식은 낙빈기(駱賓基) 선생의 『금문신고(金文新攷)』 출간 이후 문자에 담긴 내용을 구체적으로 인식하면서 변하기 시작했다.

동양의 '문자'라고 하면 먼저 5천년의 세월에도 위세가 여전한 '한자'가 떠오른다.

한자의 기원과 관련해서는 보통 6서법(六書法)이 거론되는데 이 6서법의 위력이 너무 강렬해서 어지간한 연구가 수반되지 않고는 이 주장을 넘어서기 어렵다.

하지만 상형(象形), 지사(指事), 회의(會意), 형성(形聲), 전주(轉注),

가차(假借)로 풀이되는 6서법을 보면 한자가 어떻게 만들어졌는지를 설명할 수는 있을지 모르지만 한자를 만든 주체나 주체들의 생각을 알아내기는 어렵다.

한자의 기원을 갑골문(甲骨文)에서 찾기도 하는데 갑골문으로부터도 한자를 어떻게 만들었는지 한자를 만든 주체들의 가치관이나 삶의 철학을 아는 것은 여전히 어렵다.

그런데 20세기에 이르러 갑골문보다 더 원시적이며 상형(象形)의 특성이 그대로 살아있는 상형체 문자가 등장하고 문자의 기원을 밝힌 연구들이 이어지면서 비로소 한자를 만든 주체들의 가치관이나 사고방식을 찾는 것이 가능하게 되었다.

그것이 바로 청동기에 새겨진 원시상형체 문자(銘文)다.

'명문(銘文)'이란 말 그대로 '금속(金)에 새겨진 사람의 이름(名)자'를 의미하는데 이는 갑골문보다 무려 900여년 앞선다.

'명문(銘文)'의 출현은 곧바로 역사 주체들의 등장을 의미하는 것으로, 문자(文字)와 역사(歷史)가 만나는 접점이라고 할 수 있을 뿐 아니라 문자의 기원에 대하여 새로운 인식의 계기가 된다.

새로운 인식이란 사람이 '처음 문자를 만들어 어디에 먼저 사용했을까?'에 관한 것이다.

문자를 만든 사람들은 처음 만든 이 문자를 어디에 사용했을까?

하늘의 해나 달, 별을 나타내는데 썼을까? 동물의 이름을 나타내는데 사용했을까? 아니면 식물의 이름을 나타내는데 사용했을까? 그것도 아니면 맨 처음 만든 문자의 용처는 어디였을까?

고대에 문자를 만들 정도의 지적 역량을 갖춘 주인공들은 이미 인지(認知) 능력이 출중한 선각자일 것이며 그처럼 인지가 깨인 사람들이 세상에서 우선하여 먼저 생각할 수 있는 대상은 누구에게나 보편적인 '하늘', '해', '별', '달' 등 천체(天體)에 관한 것일 것이다.

한겨레가 언제나 '하늘'을 생각의 첫머리에 두었다는 것은 우리의 주소 표기법에서도 확인된다. '대한민국 서울특별시 종로구 인사동 1번지'라는 식으로 주소를 표기하는 사람들은 밖에 무엇이 있는지를 아는 사람들이라고 할 수 있다. 밖에 무엇이 있는지를 알아야 우리식으로 주소를 표기할 수 있다. 밖에 무엇이 있는지를 모를 때에는 서양식으로 주소를 표기할 수 밖에 없다.

그래서 우리식의 주소 표기법을 일컬어 '하늘을 아는 사람들의 방식'이라고 말한다.

우리는 '하늘을 아는 사람들'이고 따라서 우리 겨레의 생각에서는 언제나 하늘이 먼저였다.

하늘이 있으면 그 다음에는 무엇이 있을까?

하늘은 언제나 땅과 짝을 이루어 존재한다. 하늘의 짝은 땅이지만 하늘은 보이지 않고(非可視的) 땅은 모습을 가졌다는 특성이 있으므로 땅에는 언제나 하늘이 담겨 있는 것으로 보았다.

그 다음엔 문자를 만든 주체로써의 자기 자신 즉 '사람'이 대상이었다.

하늘과 땅에 이어 세 번째 존재로 사람 자신을 꼽는 것은 매우 중요하다.

그것은 하늘의 이름이 없는데 땅의 이름이 있을 수 없고 땅의 이름이 없는데 사람의 이름이 있을 수 없고 사람의 이름이 없는데 다른 동식물의 이름이 먼저 있을 수 없다는 논리에 관한 것이기 때문이다.

처음 문자를 만든 주인공들은 문자를 만들어 하늘과 땅을 나타내는 기호로 쓰고 이어서 자기 자신을 나타내는 이름자를 만들어 썼다.

이런 배경 때문에 한자의 근본을 탐구하면 그 속에서 문자를 만든 주인공들과 그들의 의식세계를 만날 수가 있게 된다.

문자를 만든 주인공들은 자신의 이야기를 '언제', '어디서', '누가', '무엇을', '어떻게', '왜' 등의 형식을 갖추어 청동기 표면에 새겼으므로 청동기 명문은 그 자체가 신뢰도 높은 사료(史料)적 가치를 포함한다.

청동기 명문의 사료적 가치를 실감하려면 여타의 사료(史料)와 직접 비교하는 방법도 있다.

예를들어 동양 고대사의 대강은 한인(漢人) 사마천(司馬遷)의 『사기(史記)』나 《서경(書經)》 등 고전을 의지하는 경우가 보통인데 사마천은 bc100년 경에 살았던 인물이다.

bc100년에 살았던 인물이 bc2500년 경의 신농(神農)과 치우(蚩尤)와 황제(黃帝)에 대해서 그리고 소호금천(少皞金天), 고양(高陽), 고신(高辛), 요(堯), 순(舜), 우(禹) 등에 대해서 기록한 것을 오늘 우리가 접하는 격이다.

사마천과 황제의 세월의 간극은 2400년이고 오늘 우리와 공자의 세월의 간극이 또 2500년이다. 과연 사마천의 기록을 어디까지 신뢰할 수 있을 것인가?

『사기(史記)』의 저자가 역사적 진실을 밝히려고 얼마나 많은 노력을 기울였는가? 선입견을 갖지는 않았는가? 아니면 어떤 의도를 가지고 기술한 것은 아닌가? 등 『사기(史記)』의 기록에 비판적인 시각을 가진 이가 없지는 않았지만 검증은 커녕 주어진 문장을 읽어내기에도 벅찰 정도였다.

그러나 이제 청동기 명문(銘文)이 등장함으로써 그간 사가(史家)들의 오해와 곡필과 왜곡이 어느 정도인지 적나라하게 드러나게 되었다.

동양사 전반에 걸친 인식의 변화가 빠르게 진행될 것이다.

2. 조선(朝鮮)을 주목하라

세상의 온갖 지식, 지혜들을 모아보면 결국은 하나의 명제로 모아진다고 생각되는데 그 명제란 '이 세상을 어떻게 볼 것인가?'에 관한 것이다.

지금도 그렇지만 특히 문명의 초기 사람들에게 있어서 세상(世上)은 온통 호기심으로 가득 찬 그러나 위험천만한 보물섬과 같았을 것이다.

너무나 다양하고 복잡하며 예측이 어렵기 때문에 이러한 상태에서는 심리적 안정을 도모하기 어렵다.

그래서 어떤 형태로든 도식화하고 체계화하여 나름 논리적 이해를 추구하게 되는데 이 과정에서 처음 사용되었을 것으로 보이는 정제된 사고의 틀이 바로 '음양(陰陽)'과 '천지인(天地人)'이다.

동양철학에서 흔히 사용하는 '음양(陰陽)', '천지인(天地人)'은 하늘의 존재방식에 관한 것으로, 풀이하면 (세상을) '둘의 상대적 구조로 보기' 또는 '셋의 천지인적 구조로 보기'라는 관점의 표시라고 할 수 있다.

'음양'이나 '천지인'의 관점이 먼저 중요시되는 것은, 복잡다단한 세상에서 대상들을 질서있게 이해하기 위해서는 보다 큰 틀의 범주가 먼저 정해지고 난 다음 차원의 범주들이 차례로 제 자리를 찾는 것이 필요한데, 음양과 천지인은 이 체계화의 첫머리에 둘만한 것이기 때문이다.

때문에 각 문명권마다 이러한 흔적을 찾는 것이 가능한데, 만일 어떤 문명권에서 '음양', '천지인'과 같은 독창적인 인식 또는 사고체계가 발견된다면 그 문명은 상위 수준에 속하는 고급문명으로 볼 수 있으며 또 자생(自生) 문명인지 파생(派生) 문명인지의 여부를 분별할 수도 있다.

이 분별이 가능하기 위해서는 당연히 규격화된 사고의 기준-음양과 천지인-에 대한 약간의 학습이 필요한데 현재로써는 우리말과 천부경(天符經)과 문자 즉 한자와 한글이 최적의 교과서라고 할 수 있다.

고대 조선의 문자는 '천부경'적 사고를 토대로 정립된 기호체계라고 할 수 있을 정도로 한자와 한글의 논리적 토대는 바로 천부경이며 세분하면 '음양'과 '천지인'이다.

따라서 천부경을 알면 한자와 한글을 알 수 있고 한자를 알면 한글과 천부경을 알 수 있으며 한글을 알면 한자와 천부경을 알 수 있다.

이 셋은 이처럼 서로 교차 검증해서 한치도 걸림이 없이 소통하는데 이것은 '천부경'과 '한자'와 '한글'이 동일한 주체에 의해서 만들어졌다는 것을 반증하는 것이며 한자의 음가가 모두 오늘 우리가 사용하는 우리말로 되어 있다는 사실 또한 동양 문명의 주인공이 고대 조선인이라는 것을 강력하게 뒷받침한다.

고대 조선의 문자를 대상으로 그 문자에 담긴 음양, 천지인의 요소를 찾으려는 시도는 그래서 반드시 필요하다.

높은 수준의 문명을 남긴 고대 조선인의 명예 회복을 위해서 또 오늘 우리 겨레의 탁월한 인성과 안목을 일깨우는 자명고(自鳴鼓)로 삼기 위해서 반드시 고대 조선을 알아야 한다.

아직은 이러한 인식의 초기 단계로써 먼저 우리 겨레가 가진 음양(陰陽), 천지인(天地人)적 사고의 실체를 알아보기 위해 고조선의 문자를 살펴볼 것인데 이 가치관이 익숙해지면 인류사 전반을 다시 보는 안목을 가질 수 있을 것이다.

천부경과 한자와 한글은 고대 조선(朝鮮)의 선인들이 남긴 지식, 지혜의 결정체이며 우리말은 인류 언어의 토대가 되는 뿌리어(祖語)라 할 수 있기 때문이다.

이렇게 말하는 것이 가능한 것은 조선이 지식(知識)의 정점에서 지혜(智慧)를 터득하여 세상의 온갖 관계들을 꿰뚫어보는 뛰어난 안목을 갖춘 신성(神聖)한 신인(神人)들의 나라였기 때문이다.

조선의 신인들은, 삼라만상을 일목요연하게 하늘에 연결하여 세상의 질서(秩序)를 세우고 '가치(價値)'를 체계화(文明)하여 우리 말과 말을 기록하는 문자(한자와 한글)와 문자의 설계도와 같은 세상의 이치를 천부경(天符經)에 담아 세상에 전했으며 하늘의 섭리에 따른 삶의 철학(살림, 홍익)을 직접 실천하고자 하였다.

그들은 스스로 해를 닮은 앙명인(仰明人)이 되고자 마음을 닦았으며 세상에서는 이들을 '동이(東夷)'라고 불렀다. '동이(東夷)'는 '인류의 여명기에 해처럼 찬란히 빛나는 해를 닮은 사람들'이라는 뜻이다.

하지만 세상은 인류의 복된 삶을 담보할 '조선(朝鮮)' 이족(夷族)의 '살림'의 철학을 이해하지 못하고 훼손함으로써 인류의 미래를 환하게 밝혀줄 '조선(朝鮮)' 동이의 살림의 철학(홍익정신)과 세계성은 안타깝게도 빛을 잃고 말았다.

시성(詩聖) 타고르가 예견한 동방의 등불은 아마도 지구상 유일하게 개천(開天)의 체험과 홍익(弘益)의 삶의 철학을 터득하고 실천한 경험이 있는 우리 겨레 조선 동이의 재등장을 암시하는 것으로 여겨진다.

그런 의미에서 '조선'은 인류 공동의 역사이며 조선이 남긴 세계관과 언어, 문자 등은 인류 공동의 유산이라 할 수 있다.

일찍이 개천의 경험과 홍익을 실천한 우리 겨레의 말과 문자의 이해 없이 문명을 말하기 어렵고 우리 겨레의 살림의 철학이 아니고는 세상은 갈등과 분쟁을 극복하기 어려울 것이다.

1) 조선 동이의 문자 창제

'신성문자(神聖文字)'라 명명한 조선의 문자 -한자와 한글- 에는 문자를 만든 사람들의 세계관(世界觀)을 알 수 있는 소중한 단서가 담겨 있다.

사실 문자 즉 한자 한글 연구의 목적은 이 은밀한 세계관을 만나는 것에서 절정을 이룬다고 생각되는데 필자는 그것을 '기초 14자'라는 이름으로 『한자의 비밀』(2017년, 조옥구 저, 도서출판 북치는 소녀 刊)에 발표한 바가 있다.

한자와 한글은 문자의 원형과도 같은 '기초 14자'를 밑그림으로 그 위에 그려진 한 폭의 추상화라고 할 수 있으며, 기초 14자는 14개의 단순한 기호들이 하나와 둘과 셋의 체계를 이루고 있는데 하나와 둘과 셋의 체계는 바로 앞에서 말한 3차원의 세계관 즉 '음양'과 '천지인'이 핵심이다.

'음양'과 '천지인'이라는 세계관을 고리로 천부경과 한자와 한글과 조선 동이는 불가분의 관계에 있다는 것을 알 수 있다.

① 한자의 기초 14자

한자와 한글과 천부경을 통해 그 속에 내재된 가치관, 세계관을 읽어내면 그 가치관으로써의 세계관의 정립 시기와 또 그 자취를 찾아내는 것이 가능한데, 우리 역사에서 '음양', '천지인'적 세계관의 정립 시기는 고대 조선으로 볼 수 밖에 없을 만큼 조선의 역사, 문화, 민속, 철학에서 음양 천지인적 요소들이 무수히 발견된다.

특히 많은 한자들의 모양과 소리를 참고하며 줄이고 줄이면 한자의 밑그림이라고 할 수 있는 기초 14자를 만나게 된다.

먼저 한자의 기초 14자를 보기로 한다.

〈한자의 기초 14자〉

• → •

• → 丨 一
丿 乀

• → ○□△
一二三
丶 冫 氵

한자의 기초 14자는 '하나'와 '둘'과 '셋'의 세 부분으로 구성되어 있으며 두 번째의 '둘'과 세 번째의 '셋'은 천부경의 내용과도 정확하게 일치한다.

천부경의 '일적십거 무궤화삼(一積十鉅 無匱化三)'은 '둘은 또 거듭해서 다시 둘로 나뉘어지며 셋의 논리에 따른다'는 것이며 '석삼극 무진본(析三極 無盡本)'은 '셋에서 다시 셋으로' 끊임없이 나뉘어지는 세상의 이치를 표현한 것이다.

기초 14자를 풀이하면, 맨 윗줄의 '• → • '은 궁극의 하늘, 완전, 하나됨의 의미다. 이 세상을 온통 하나로 볼 때의 관점을 기호로 나타낸 것이다.

두 번째 줄의 '• → ㅣ 一 '는 궁극의 하늘을 '하늘과 땅'의 둘로 나누어 볼 때의 관점을 표시한 것이다.

궁극의 하늘을 둘로 나누면 원초적 '하늘과 땅'이 되는데 'ㅣ'과 '一'은 바로 그 하늘과 땅을 기호로 나타낸 것이다.

세 번째 줄의 '• → ○□△'는 궁극의 하늘을 '하늘과 땅과 만물'의 셋으로 나누어 볼 때의 관점을 표시한 것이다.

궁극의 하늘을 셋으로 나누면 '하늘과 땅과 만물'이 되는데 '○□△'은 바로 그 하늘과 땅과 만물을 기호로 나타낸 것이다.

이 기초 14자는, 약탕기에 여러 약재를 넣고 다려내듯 수 많은 한자들을 줄이고 줄여서 얻은 한자의 본질이라고 할 수 있는데 세상의 온갖 관계들을 줄이고 또 줄여서 얻은 원형질과 100% 일치한다. 한자의 기초 14자야말로 한자를 만든 주체들의 정체성이며 세계관을 반영하고 있기 때문이다.

만약 고대 조선인들이 이러한 세계관을 가진 것이 사실이라면 그 세계관은 어떤 형태로든 조선인의 삶 속에 자취와 흔적을 남겼을 것이므로 역대 우리 선조들이 세운 나라들의 이름에서 그러한 흔적들이 발견되는 것은 어쩌면 당연한 일이라고 할 수 있다.

② 조선 동이(東夷)의 세계관

우리 민족사의 계보를 말할 때 그 첫 머리에 꼽을 수 있는 나라는 『삼국유사(三國遺事)』에서 말하는 '석유환국(昔有桓國)'의 '桓'이라고 할 수 있다.

그 다음에 '배달국(倍達國)'이 있고 이어서 고리(高麗)와 구리(九黎)가 있으며 그 다음에 조선(朝鮮)과 한(韓)이 있다. 한 다음으로 부여, 옥저, 동예, 숙신, 읍루, 말갈, 여진 등 여러 나라와 이어서 고구리, 백제, 신라, 가락, 대진 등 나라들이 뒤를 잇는다.

1만년의 민족사에 비하면 그리 많은 나라라고 할 수는 없지만 그러나 이 나라들의 계보에 대해서는 여전히 일치된 하나의 견해에 이르지 못한 것이 우리의 현실이다.

우리 역사는 고구리가 한(漢)의 식민지배를 벗어나는 것으로부터 시작되었다는 것이 이전 역사학계의 일반적인 견해였다.

그들에게 있어서 고구리 이전 고대 조선(朝鮮)은 신화(神話) 속의 나라이며 『삼국유사』에 기록된 '석유환국(昔有桓國)'의 '환(桓)'이나 다른 사서들의 '배달', '고리', '구리' 등의 나라는 더 말할 나위도 없었다.

우리 역사학계는 고구리 이전 우리 겨레의 고대 역사를 감당하기조차 힘겨워 하는 것으로 보인다.

이유가 무엇이든 핵심은 고대인들의 세계관, 가치관에 대한 무지에서 비롯된다고 생각된다. 무엇을 어떻게 보아야 하는지 알 수가 없기 때문에 무수히 제기된 설들을 그저 방치하고 있는 것이다.

하지만 이제 상황이 변했다.

지금까지의 사료와는 비교할 수 없을 정도의 가치를 지닌 1차 사료, 청동기 명문이 등장한 것이다. 청동기 명문은 당시인들이 직접 새긴 문자이므로 여타의 사료를 능가하는 사료적 가치를 지닐 뿐만 아니라 삶의 철학, 가치관을 함축하고 있기도 하다.

이제 우리 문자(한자, 한글)에 담긴 당시인들의 삶의 철학을 뼈대삼아 역대 우리 나라들의 계보를 재구성해보려 하는데, 이는 시대마다 공동체를 이끌어가는 삶의 철학이 있고 가치관이 삶 속에 투영되는 것은 너무나 당연한 일이므로 충분히 가치있는 일이라 생각된다.

아직은 '가설(假說)'에 그칠 공산이 크지만 그러나 풀리지 않는 우리 고대사를 새롭게 이해하는 계기가 될 것임은 분명하다.

역대 우리선조들이 세운 나라들의 계보를 알기 위해서는 먼저 한자의 기초 14자에 담긴 3개의 차원 즉 우리가 흔히 말하는 '하나와 둘과 셋'의 의미에 조금 더 익숙해질 필요가 있으므로 3차원의 이해를 위해 '3층탑'을 예로 들어 설명하기로 한다.

탑과 세계관(世界觀)

문화사에서 '탑'은 세계관을 상징하는 대표적인 구조물로 알려져 있는데 탑의 세계관이란 3개의 관점에 관한 것으로, 첫째 탑을 전체로 보는 것 둘째 탑을 기단부와 탑신부의 둘로 나누어 보는 것 셋째 탑의 탑신부를 셋으로 나누어 보는 것(세상의 모든 탑은 3층부터 시작한다)을 의미한다.

감포 감은사지 3층탑

* 3개의 관점

① 탑 전체 - 하나
② 기단부와 탑신부 - 둘
③ 3층(=탑신부) - 셋

* 탑의 세계관

탑 전체	기단부와 탑신부	탑신부의 3층
(하나)	(둘)	(셋) 1층 2층 3층
‖	‖	‖
하늘 하늘(天)	하늘과 땅 땅(地)	하늘과 땅과 만물(天地人) 만물(人)
‖	‖	‖
하나	둘이면서 두 번째	셋이면서 세 번째

3차원의 세계관을 이해하기 위해서는 '천지인'의 이해가 필요한데, 우리는 보통 '천지인'이라는 말로 우리 사는 세상을 한꺼번에 일컫게 된다.

'천지인'이란 원래 '하늘', '하늘과 땅' 그리고 '하늘과 땅과 만물'을 지칭하기도 하고 '하늘과 땅과 만물'을 지칭하기도 한다.

따라서 포괄적으로 볼 때의 '천지인'과 세 번째 존재를 일컬을 때의 '천지인'은 서로 구분해야 하는데 천부경(天符經)에서는 '天一一地一二人一三(천일일지일이인일삼)'으로 정확하게 구분하고 있다.

'천지인'의 쓰임에 두 가지가 있다는 것을 염두에 두고 이제 3층탑의 세계관에 입각해서 우리 고대 국가들의 위상을 보기로 한다.

③ 동이의 세계관과 나라 이름

인류의 초기 삶은 혹독한 환경을 극복하는 것으로부터 시작되었을 것인데, 조금씩 아주 조금씩 야만을 벗어나던 어느 시기에 특출한 지혜를 가진 이들이 태어나고 세상의 '관계'들을 알아차리면서 세상을 보는 관점(觀點)이 생기기 시작했다.

이 관점의 성립 시기는, 나라 이름으로는 '조선(朝鮮)'이고 종족으로써는 '동이(東夷)'인데 동이(東夷)는 개천(開天)의 경험자들로써 최초로 하늘을 인식하고 하늘과 땅과 만물의 관계를 도형 '○□△(원방각)'과 숫자 '一二三(일이삼)'으로 정립하였으며, 해를 중심으로 세상의 질서를 수립하고 해를 닮은 사람(仰明人) 이 되고자 홍익, 살림 등 삶의 철학을 실천한 장본인들이다.

동이는 세계관에 입각하여 세상 나라들의 구조도 그러해야 한다고 생각했다.

하늘이 있는 것처럼 하늘을 상징하는 나라가 있어야 하고 하늘과 땅이 짝으로 되어 있으므로 또 이에 상응하는 나라가 있어야 하는데 짝은 '음'과 '양'의 상대적 관계이므로 음의 속성을 가진 나라와 양의 속성을 가진 나라가 또 있어야 했다.

이러한 논리적 구조 아래 동이의 나라 조선은 양의 속성을 가진 살림, 홍익을 실천하는 나라였던 것이다.

환, 배달, 고리, 구리, 조선, 한 등 우리 고대사에 등장하는 여러 나라 이름들은 그러한 세계관에서 탄생한 치밀하게 의도된 이름들인 것이다.

나라의 호칭과 관련해서는 참고할만한 사실들이 있다.

그것은 우리말과 관계된 것으로, 초기 우리말은 단음절어 위주로 되어 있다는 것이다.

해, 달, 별, 손, 발, 눈, 코, 귀, 입 등의 이름은 살아있는 증거다.

우리말이 초기에 이처럼 단음절어로 시작했다는 것은 엄청난 사실을 의미한다.

무언가를 '해'라고 단도직입적으로 말하려면 그 사람은 이미 'ㄱ'에서 'ㅎ'에 이르기까지 우리문자의 초성자를 모두 알고 있어야 한다.

따라서 어떤 나라를 '환(桓)', '배달(倍達)', '고리', '구리' 등으로 불렀다는 것은 이미 우리 한글의 초성자 모두를 완벽하게 인식한 상태라는 것을 의미하는데 우리글-한자와 한글-이 완성되는 시기가 바로 조선이다.

따라서 조선 이전의 나라 이름들은 모두 조선인들의 세계관이 빚어낸 작품이라고 말할 수 있다.

혹 문자는 그러하지만 말은 이미 그 전에도 쓰였을 것이라고 생각할 수도 있다. 그러나 '문자가 있어야 역사'라는 명제를 잊어서는 안된다.

문자의 사용이 가능한 상태에서 비로소 '역사(歷史)'가 시작되는 것이기 때문이다.

그래서 역대 우리 선조들의 나라 이름을 보면서 환, 한은 왜 단음절어이며 배달, 고리, 구리, 조선, 부여, 옥저, 동예, 고구리, 백제, 신라, 발해, 고리 등은 왜 이음절어, 다음절어인지를 생각해야 한다.

마찬가지로 치우천왕은 '배달국의 14대 한웅'이면서 또 '구리국의 천자'라는 신분의 표현에 대해서도 의문을 가져야 한다.

이러한 의문을 알아차리지 못하거나 알면서도 답을 얻기 어렵다는 이유로 외면하는 것은 진실을 외면하는 것과 다르지 않다.

이제 개개의 나라 이름들의 의미를 살펴보기로 한다.

i) 桓國(환국)

우리 한국인의 주소 표기법을 참고하면 우리는 '하늘'을 아는 사람들이라고 할 수 있다. 따라서 한국식 주소 표기를 따르는 사람들에게 있어서 생각의 첫머리에는 언제나 하늘이 있으며 세상을 표현하는 과정에서도 첫 출발은 언제나 '하늘로부터'였다. 이 전통은 조선 동이의 하늘 사상에서 비롯된 것으로, 하늘을 앞세우는 사고방식이야말로 '조선'적 사고의 특징이다.

그래서 나라를 세우면서도 먼저 '하늘' 나라를 생각했는데, 우리 민족사에서는 『삼국유사(三國遺史)』에서 언급한 '석유환국(昔有桓國)'의 '환(桓)'이 바로 그 하늘나라다.

하늘은 모든 것이며 완전하고 유일하지만 형상이 없으므로 '해'로 대신한다. '桓(환)'은 하늘을 상징하는 해의 속성을 담은 나라다.

그래서 '환'이다. 하늘의 해처럼 '환한 나라'라는 의미다.

『환단고기(桓檀古記)』 등의 기록에 따르면 '환(桓)'은 '7명의 환인이 3301년 동안 다스린 나라'라고 설명하고 있는데, '7명의 환인(桓因)'이 3303년을 다스렸다는 표현은 너무 추상적이다.

그리고 '환(桓)'은 도읍(都邑)이 어디인지 알 수도 없다. 도읍이 없다는 것은 아직 땅에 정착하지 않았음을 의미한다.

더구나 나라이름 '桓'은 고대 조선의 문자 창제 이전에는 존재하지도 않았다.

따라서 문자의 창제가 이루어진 조선에서 소급해서 붙인 이름으로, '환(桓)'은 땅과 세상을 망라하여 온통 하나가 된 나라, 하늘의 해 같은 나라 즉 '하늘나라'를 나타내는 것으로 보아야 한다.

'환(桓)'은 이처럼 실재하는 나라가 아니라 우리의 관념 속에 존재하는 그러한 성격의 나라인 것이다.

'환(桓)'으로 명명된 하늘나라를 문자에서는 '•'으로 표현했다.

'•'은 세상을 온통 하나로 본다는 의미의 기호문자로, '•'으로 표현된 세상은 우리가 보거나 듣거나 느끼거나 알거나 모르거나 간에 존재하는 모든 것을 망라하는 온전한 하나 -오늘 우리가 '하늘'이라고 부르는- 를 의미한다.

ii) 땅의 나라 倍達國(배달국)

하늘이 있으면 땅이 있듯이, 하늘과 땅은 서로 짝으로 존재한다.

따라서 하늘나라(•) 다음에 생각할 나라는 '땅'의 나라인데, 하늘(=桓)의 짝으로 존재하는 땅의 나라가 바로 '배달(倍達)'이다.

땅을 문자로 나타내면 'ㅡ'이 된다.

다만 조선인들은 생각의 첫머리에 언제나 '하늘'이 자리하고 있으므로 '땅'을 나타낼 때의 '하늘'을 나타내는 기호를 또 만든다.

'ㅣ'은 땅을 'ㅡ'로 나타낼 때의 하늘(ㅣ)을 나타낸다.

그래서 이들의 관계를 '• → ㅣ+ㅡ'로 나타낼 수 있다.

전체의 하늘(•)이 있고 땅(ㅡ)을 전제할 때의 하늘(ㅣ)이 또 있는 것이다.

땅은 땅만으로 존재하는 것이 아니라 그에 짝하는 하늘이 또 있는 것이다.

하늘에 짝하는 땅의 나라가 바로 '배달(倍達)'이다.

나라이름 '배달'이 이음절어인 이유가 바로 짝으로 존재하는 땅의 속성을 나타내기 위한 방편이다. 땅을 숫자로 나타내면 '2', '둘', '짝'이 되기 때문이다.

하늘=환
환 = 환+배달
• = ㅣ+ㅡ

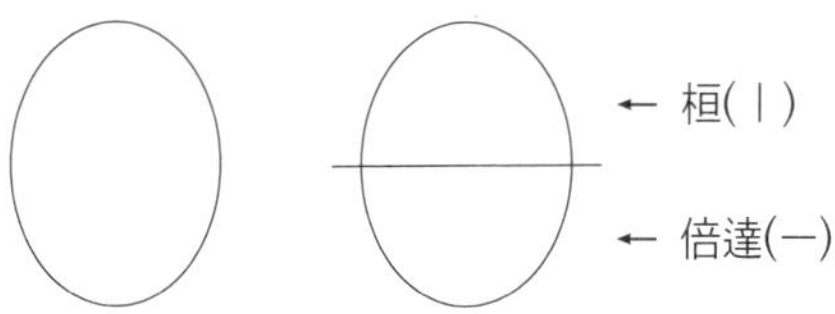

桓　　桓과 倍達

배달(倍達)

배달은 하늘에 짝하는 땅의 나라다.

하늘이 언제나 먼저이고 땅은 다음이지만 하늘은 보이지 않고 땅은 형상이 있으므로 땅에 하늘이 담겨 있다고 본다. 우리 몸에 마음이 담겨 있는 것과 같다.

그래서 땅을 '중심'의 의미로 보기도 하며 땅만으로도 하늘과 땅을 동시에 나타내기도 한다.

배달은 땅의 나라, '땅에서 뻗어나가다', '땅에서 하늘을 지향하다', '배(곱)에 도달하다'라는 의미다.

하늘과 땅의 관계에서 배달은 '桓'을 품은 땅의 나라다.

우리 겨레의 호칭 '배달민족'은 최초의 땅의 나라 '배달'에 속한 사람들이라는 의미다.

iii) 배달국과 고리+구리

배달(倍達)은 하늘의 '짝'이 되는 땅의 나라이므로 땅의 논리가 적용되는데, 땅에 적용되는 논리는 앞에서 언급한 '음양(陰陽)'과 '천지인(天地人)'이 으뜸이다.

따라서 '배달'은 '음양(陰陽)'의 짝으로 된 나라와 '천지인'의 셋으로 된 나라로 구분하게 되는데, 먼저 '음양'의 논리에 따라 배달국은 '고리'와 '구리'로 나누게 된다.

이것을 '탑'에 비유해서 설명하면 '배달국'은 '탑신부'에 해당하는데, 탑신부는 기단부의 짝이며 동시에 '1,2,3'의 세 층으로 되어 있으므로 음양과 천지인의 속성이 섞여 있게 된다.

배달나라는 본래 하늘의 '짝'이라는 의미를 띄고 있으므로 그 존재방식 또한 둘의 '짝'으로 구성되는데 배달나라의 두 짝으로 만들어진 나라가 바로 '고리+구리'다.

따라서 고리, 구리의 관점에서 보면 배달나라는 '桓'처럼 명목상의 나라가 된다.

'고리'와 '구리'가 서로 짝의 관계로 존재한다는 것은 '문자'의 탐구에서는 이론의 여지가 없는 사실이지만 우리 역사에서는 아직 연구된 바가 없다.

'구리(九黎)'가 각종의 사서에서 치우천왕(蚩尤天王)의 나라, '청구(靑丘)' 등으로 빈번하게 등장하는데 비해 '고리'에 대해서는 별로 알려진 바가 없다.

'고리'와 '구리'는 짝의 관계이므로 늘 함께 거론이 되어야 하는데 '고리'에 대한 기록이 희귀한 것은 어떤 연유일까?

구리국의 여러 자료에 비하여 고리국의 자료가 상대적으로 적은 까닭은 '고리'국이 '桓'이나 '倍達'처럼 명목상의 나라, 관념 속의 나라이고 '고리'의 실체는 '조선(朝鮮)'이기 때문이다.

'桓', '倍達', '고리'는 현실에 실재하는 나라가 아니라 '조선'이라는 나라 속에 관념으로 존재하는 3차원의 나라들인 것이다.

현실에 실재하는 나라는 '조선'과 '구리'가 있다.

고리(高麗)

'고리'라고 하면 태조 '왕건'의 '고리(高麗)'가 먼저 떠오르지만, '고구리'라는 나라 이름이 '고리'와 '구리'의 합성어이므로 고구리 이전 '고리'는 이미 '구리'와 짝으로 존재하는 것으로 보아야 한다. 우리말에서 '고'의 상대어가 '구'라는 것도 '고리'와 '구리'의 '짝'의 관계를 뒷받침한다고 볼 수 있다.

'고리'의 의미는 '環'에서 찾을 수 있다. '環'은 '고리 환'으로 '해처럼 둥근 모양의 고리'라는 뜻이므로, '고리'는 '해(=陽)의 나라'를 의미한다고 할 수 있다.

그래서 '고리'를 양(陽)의 나라, 해의 나라, 살림의 나라라고 한다.

구리(九黎)

'구리'는 치우천왕의 나라로 이미 많은 연구와 자료들이 나와 있으므로 여기에서는 '구리'에 담긴 '음'의 속성에 대해서만 간략하게 덧붙이기로 한다.
'구리'는 우리말에서 '청동(靑銅)'을 나타내기도 하며 청동(靑銅)의 '靑'은 '生+井'으로 '井'이 북두칠성을 나타내는데, 북두칠성은 어둔 밤에 뜨는 별로써 음(陰)의 으뜸가는 상징이다.
북두칠성을 옛날에는 '나난구리'라고 했다하니 '구리'는 또 '별'을 의미하기도 한다.
'구리'는 경찰과 국방의 임무를 맡은 음(陰)의 속성을 가진 나라 이름이고 짝이 되는 '고리'는 정치, 경제, 사회, 문화, 예술, 복지 등 '살림' 위주의 양(陽)의 나라 이름인 것이다.

ⅳ) 배달국과 고리 그리고 조선(3조선)

하늘이 있고 땅이 있으면 이제 사람의 나라가 있어야 한다.

사람의 나라 존재 방식은 세(△) 번째이며 동시에 셋(○□△)이다.

그리고 세 번째 존재는 '삶'이 있다. 살아간다.

배달국의 두 기능(살림과 억제)을 맡은 나라가 고리국과 구리국인데 이중에서도 삶, 살림과 관계된 기능은 '고리'국 소관이며 '고리'는 '조선(朝鮮-3조선)'을 품은 상태로 존재한다.

그래서 조선은 고리국과 배달국의 실체이기도 한 것이다.

(환)
⇕
(배달) → (고리) → 조선 - 3조선
한 - 3한
↘ 구리

* ( )안의 나라는 명목상의 나라

탑의 구조에서 탑신부가 있는 것처럼 나라에서는 배달국이 탑신부에 해당한다.

탑신부는 또 1층, 2층, 3층으로 되어 있으므로 배달국 역시 하나와 둘과 셋의 구조를 이루어야 하는데, '천지인'적 '셋'의 관점에서 보면, 1층은 배달, 2층은 고리와 구리, 3층은 3조선이 된다.

'조선'이라는 국호에 '3조선'이 꼬리처럼 따라다니는 이유가 바로 이러한 세계관 때문이다. 천지인적 셋의 관점에서 세 번째 조선은 셋이어야 하기 때문이다.

조금 복잡하게 보이기는 하지만 이 같은 관계를 이해해야 조선을 바로 알 수 있다.

조선(朝鮮)은 고리와 배달과 환을 품고 세상에 모습을 드러낸 최초의 지상국가다.

세계관을 접으면 조선이 있고 세계관을 펼치면 조선에서 고리, 배달, 환이 드러나는 것이다.

'한(韓)'이 '3한'으로 나뉘는 것 또한 마찬가지다.

우리 역사에서 '환'과 '배달'과 '고리'에 대한 설명이 희소하거나 명확하지 않은 것은 이들이 명목상의 나라이기 때문이다.

그래서 겉으로 드러난 실체는 '조선(3조선)'과 '구리'이고 '환'과 '배달'과 '고리'는 명목상의 나라로, 세계관이 만들어낸 가상의 나라들이라고 하는 것이다.

조선(朝鮮)은 건국과 동시에 3조선(진조선, 번조선, 막조선)의 형태로 존재하며 한(韓)은 건국과 동시에 3한(진한, 변한, 마한)으로 존재한다. 사서에는 이것을 '3한관경제(三韓官境制)'라고 표현한다.

정체성(正體性)의 관점에서 보면, 조선(朝鮮)의 정체성은 '고리'에 있고 '고리'의 정체성은 '배달(倍達)'에 있으며 '배달'의 정체성은 '환(桓)'에 있다고 할 수 있다.

실체의 관점에서 보면, 환(桓)의 실체는 배달(倍達)이고 배달의 실체는 '고리', '구리'이며 '고리'의 실체는 '조선', '한'이라고 할 수도 있다.

하늘=하늘(桓))	하나	• = •
하늘=(하늘(桓))+땅	둘	• = ㅣㅡ
하늘=(하늘(桓))+ 땅(배달(고리+구리))		
하늘=(하늘(桓))+ 땅(배달(고리(조선-3조선)+구리)))	셋	• = ○□△

v) 조선(朝鮮)

우리의 뿌리가 되는 나라 '조선(朝鮮)'에 대해서는 세심한 주의와 관심이 필요하다.

그 안에 조선의 정체성이라 할 수 있는 엄정한 세계관과 세계관에 입각한 가상세계가 담겨 있기 때문이다.

그래서 우리는 조선을 대할 때마다 '왜 조선일까?'를 생각해야 한다.

조선의 지식인들은 왜 어떻게 나라 이름을 '朝鮮'이라고 지었을까?

지금으로써는 '朝鮮'이라는 문자를 통한 접근이 가능한데 이것은 이 문자가 당시 지식인들의 지혜의 총화이며 정제된 표현이기 때문이다.

'조선'의 국호(國號)는 또 다른 문자 '朝鮮'으로도 표기하므로 '朝鮮'을 먼저 풀이해보기로 한다.

'朝鮮'의 '朝'는 '䩻+月'의 모습이지만 원래는 '䩻+舟'로 되어 있었다.

'䩻'은 '해돋을 간'자로, 풀이하면 '해가 돋을 때 가는 곳이 있다'라는 의미이고, '舟'는 조선의 고양 임금의 이름자이며 종묘(사당)에 올리는 술잔을 나타내기도 한다.

풀이하면 '조선의 고양 임금이 아침 해 뜰 때 사당(祠堂, 宗廟)에서 하늘에 계신 선조에게 술을 담아 잔을 올리다'라고 할 수 있다.

그리고 또 하나 고려해야 할 것은 '朝'의 '조'라는 음가다.

우리말 '조'는 뿌리, 시원을 의미한다.

따라서 '朝鮮'의 '朝'는 고양 임금의 종묘 의식을 계기로 우리 국가의 뿌리가 시작되었다는 의미다.

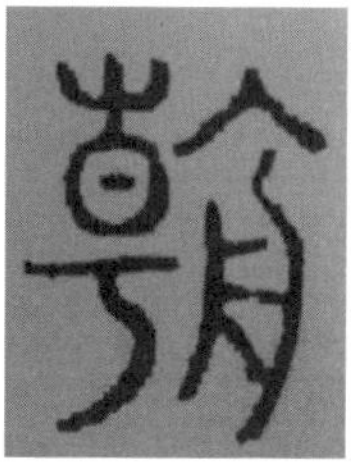

朝(아침 조)의 시원자
'䩻+舟'로 되어 있다

'朝鮮'의 '鮮(고울 선)'은 '魚+羊'으로 되어 있으며 '魚'는 고양 임금의 아들 중여 곤의 상징이고 '羊'은 아버지 계통의 토템(totem)으로,

'魚+羊'은 부자간의 결합, 음양의 결합 또는 종묘사직의 완성을 의미한다.

부자간 토템을 결합하여 '鮮'을 만들고 '선'이라 불렀는데, 우리말 '선'은 '서다', '섰다'라는 의미를 나타내므로 '鮮'의 '선'이란 말의 의미는 '땅에 뿌리를 내리고 우뚝 서다'라고 보아야 한다.

따라서 문자의 구성 요소로 본 '朝鮮(조선)'의 의미는 하늘 지향의 조(朝)와 땅 지향의 선(鮮)의 결합 즉 하늘과 땅의 완성, 음양의 조화로운 결합, 아버지(고양)와 아들(곤)의 결합 즉 하늘과 땅의 양면을 갖춘 나라의 완성을 의미한다.

이것은 세상의 시작을 언제나 하늘로부터, 하늘을 먼저 생각했던 조선 동이의 세계관에서 비롯된 것으로, 하늘의 완전함을 하늘과 땅, 음양, 부자(父子)의 결합이라는방식으로 표현한 것인데 그 가운데 '朝鮮'은 부자(父子, 고양씨와 곤)의 관계를 토대로 지어진 나라이름이라 할 수 있다.

한편, '朝'자의 변화 과정에서 보면, 옛 시원자와 지금의 글자는 '舟'에서 '月'로 바뀌어 있다는 것을 알 수 있는데 이때의 '舟(배)'와 '月(달)'을 훈차(訓借)하면 공교롭게도 '배달(舟月)'이 된다.

이점은 어떻게 보아야 할지 제현의 견해가 궁금하다.

지금까지 많은 연구에도 불구하고 우리 고대사 연구가 여전히 혼미한 것은 이처럼 조선인의 입체적 구조의 세계관을 이해하지 못한데서 비롯된다고 생각한다.

3차원의 세계관을 토대로 구성된 고대 국가의 체제를 평면상에 펼쳐놓고 한 줄로 나열하다보니 우리 고대사의 맥을 잡을 수가 없게 되는 것이다.

조선(朝鮮)의 자취를 바르게 알기 위해서는 이처럼 조선 동이의 세계관 이해가 필수적인데 이 세계관의 학습을 위한 교재가 바로 천부경과 한자와 한글이다.

그런 의미에서 우리는 조선의 문자 학습으로부터 국민 교육을 다시 시작해야 한다.

조선 동이의 세계관을 이해할 때 비로소 살림, 살림살이, 홍익 등을 비롯한 우리말의 의미와 우리의 민속 등 소위 우리가 가진 것들의 실체를 알 수 있고 조선의 후예로써 우리가 무엇을 어떻게 알고 따라야 하는지를 알 수가 있다.

조선이야말로 우리 세계관의 결정체이며 우리 정체성의 시원이기 때문이다.

④ 조선 동이의 이해를 위한 몇 개의 주제

'조선'의 실체에 접근하기 위해서는 반드시 먼저 알아야 할 몇몇 역사 용어들이 있다. 그 대표적인 것이 '동이(東夷)'와 '중국(中國)'이다.

'동이(東夷)'는 지나인들이 우리 겨레의 역사를 모호하게 설명할 때 편리하게 사용하는 호칭이고 '중국(中國)'은 우리가 지나에 대해서 즐겨 사용하는 호칭이다.

'동이(東夷)'와 '중국(中國)'은 이처럼 서로 상대되는 종족의 호칭처럼 인식되므로 기원과 쓰임을 정확하게 분별하는 것은 우리 민족사의 바를 이해를 위해 매우 중요하다.

i) 동이(東夷)

'동이(東夷)'는 각종의 사서에서 우리 겨레를 일컫는 것으로 알려져 있다.

사실 '東夷'의 '東'은 방위를 나타내므로 '東夷'는 '夷'라고 표현하는 것이 맞다. '東夷族'이라는 표현은 그래서 '夷族'이라고 표현해야 한다.

그렇다면 '夷'로 표현된 종족의 정체는 무엇일까?

'夷'에 대해서는 일찍이 《설문해자(說文解字)》를 쓴 허신(許愼)이 '夷=大弓'이라고 설명한 이래 숱한 사람들이 '夷'를 '大+弓' 즉 '큰 활'로 이해하고 '夷族'은 '큰 활을 사용하는 사람들'이라고 주장한다.

하지만 역사적으로 우리 겨레가 사용한 활은 큰 활이 아니다. 단적인 예로 우리 활은 크기가 작은데도 탄력이 커서 주변국들이 부러워했다는 기록이 남아 있다.

그런데 무슨 '큰 활'인가?

夷(태양 이)의 옛 글자
화살과 S자 모양이 보인다
成祝의 아들 저이중여(貯夷중여)의 이름자다.(명문)

'夷'는 '大弓'이라고 풀이하지만 '大弓'은 '큰 활'이 아니라 큰 활로 상징되는 '태양'을 의미한다.

'大'는 '太'와 같고 '弓(활 궁)'은 '해(陽)'를 나타낸다. (大=太, 弓=陽)

'활(弓)'이 '해(陽)'를 상징한다는 것은 '弘益'의 弘(넓을 홍)을 비롯해서 穹(하늘 궁), 粥(죽 죽), 弼(도울 필) 등 여러 한자들에서 확인할 수 있다.

이 한자들에 등장하는 '弓'은 '활'이 아니라 '해' 또는 '불'을 상징한다.

'大弓'으로 풀이되는 '夷'는 고대에 '태양' 또는 '태양족'을 일컫는 호칭인 것이다.

한자를 보는 인식의 대전환이 필요하다. 한자의 인식과 관련해서는 지금까지는 허신(許愼)의 《설문해자(說文解字)》를 의지할 수 밖에 없었지만 그러나 이제 세상이 변했다. 장평(長坪)의 '백자초문식' 한자 인식을 통하면 동양의 많은 선각자들이 일구어낸 인문의 실체를 체험할 수 있고 정신적 물질적 유산을 소유할 수 있게 된다.

인류문명사에서 '태양족'은 '문명(文明)'의 시원을 의미한다. 인류의 문명은 '태양족'으로부터 비롯된다는 것이 문화인류학의 정설이므로 '夷'가 '태양'을 의미한다는 것은 '夷'족이 태양족이라는 사실과 문명의 창시자라는 사실을 의미하며 이는 곧바로 조선의 주체들이야말로 태양족으로써 문명을 창시한 주인공들이라는 것을 의미한다.

'태양'의 의미를 담아 '夷'자를 만든 사람들이 고대 조선의 지성들이기 때문이다.

'천부경(天符經)'의 '본심본태양(本心本太陽)'은 그 흔적 가운데서도 진수라고 할 수 있다. 태양을 중심으로 세상의 질서를 수립하고 문명을 개창한 주체들이 '태양처럼 살겠다'는 삶의 목표를 세우고 이를 실천하였다는 흔적이 바로 '천부경'이기 때문이다.

사람을 하늘의 태양과 동일시하는 이러한 인식이야말로 인간의 가치를 극대화하는 것으로, 고대 태양(夷)족 조선인들의 높은 의식과 가치관에서 비롯된다.

이러한 까닭에 조선의 역사와 문화와 민속과 사상에는 태양의 흔적이 가득하다.

'夷'족이 따로 있고 조선의 종족이 따로 있는 것이 아니라 나라(종묘사직)를 대상으로 할 때는 '조선'이고 백성을 대상으로 할 때는 '夷'족인 것이다.

그 뿐 아니다. 동이족이 태양족이라는 사실을 알게 되면 '활'에 대한 인식도 달라질 수밖에 없다.

활은 원래 불을 일으키는 도구였다. 활을 이용해서 불을 일으키는데 불이 활활 타올랐으므로 불을 일으키는 도구를 '활'이라 불렀던 것이다.

'해-햇살-기'와 '활-화살-촉'의 구조가 비슷하다는 것도 '해'와 '활'의 상관관계를 말해준다고 하겠는데 고대에 이런 방식으로 이름 지어 부를 수 있는 사람들이라면 '음양', '천지인'적 세계관을 가진 조선의 이족을 제외하고는 생각할 수도 없다.

해와 불의 관계에 대해서는 해가 땅으로 내려오면 불이 되고 불은 해가 뿌리이므로 뿌리인 하늘의 해를 향해 타오르는 것이다.

'불'은 '뿌리'가 '해'이며 '해'는 '하늘'의 으뜸가는 상징이므로 우리말에서 '불', '발', '밝', '밖', '뿔', '뿌리', '해', '하늘'은 동의어라 할 수 있다.

ii) 중국(中國)

조선을 알기 위해서 알아야 할 또 하나의 주제가 '중국(中國)'이다.

'중국(中國)'이라는 나라 이름은 실은 실체가 불분명하다.

지금은 지나의 '중화인민공화국(中華人民共和國)'을 줄여서 '중국'이라고 부르지만 이 중국은 1911년 신해혁명 이후의 호칭이며 그 이전엔 지나의 땅 어디에서도 '중국'이라는 나라를 찾아볼 수 없다.

그럼에도 사서류(史書類)나 문집류(文集類) 등에서는 종종 '중국'이라는 나라 이름이 등장하고 심지어 훈민정음(訓民正音) 서문에도 '중국'이라는 나라 이름이 등장한다.

"나랏말씀이 중국에 달라"

세종대왕 때 집현전 학자들은 '중국'이라는 호칭을 들어 '우리말이 중국과 다르다'라고 주장한다.

세종대왕 때의 중원의 나라는 명(明)이지 중국(中國)이 아니다.

역대 지나의 나라 -하(夏), 은(殷), 주(周), 진(秦), 한(漢), 수(隋), 당(唐), 송(宋), 요(遼), 금(金), 원(元), 명(明), 청(淸)- 어디에도 '중국'이라는 나라는 없다.

'중국'이라는 나라 이름을 이해하려면 '中'의 '가운데'라는 의미를 먼저 생각해야 하는데 '가운데'의 의미는 셋의 구조일 때 가장 쉽게 파악이 되는 특징이 있으므로 '가운데'라는 개념을 전달하려면 '셋'의 구조를 갖추는 것이 최적의 조건이라 할 수 있다.

'셋'은 한 'set(셀)'와 같이 하나의 범주(카테고리)를 형성하는 최소 단위를 의미하기 때문에 고대에 '가운데'란 의미는 한 'set(셀)'를 배경으로 만들어진 것으로 보아야 한다.

둘의 구조나 그 외 여럿의 구조에서도 '가운데'를 정하는 것은 불가능하지는 않겠지만 그러나 여러 조건들을 붙여야 하므로 '가운데'의 의미를 전달하기 위해서는 역시 '셋'의 구조가 최적이라고 할 수 밖에 없는 것이다.

그런데 '중국(中國)'이란 표현은 '가운데'의 개념 중에서도 '나라'와 관련된 '가운데'를 의미하므로 '셋의 구조'라는 표현도 '세 나라'를 대상으로한 구조로 보아야 한다.

따라서 역사의 어느 시기에 세 나라를 한 묶음으로 보던 시절을 찾으면 '중국'의 시원으로 보아도 좋을 것인데, 우리 고대사에는 '조선-3조선', '한-3한'으로 인식될 만큼 '셋'의 사용이 특별했다.

따라서 '중국'이라는 용어의 기원 역시 '조선'을 3조선으로 나누어 보던 시기로 추정할 수 밖에 없다. 3개의 조선이 있을 때 그 가운데 나라를 '중국'이라고 부를 수 있으며 또 '중국'은 '황제가 계신 곳'이라고 하니 아마도 3조선(신조선, 불조선, 말조선) 셋 중에서 황제가 기거하고 있는 나라를 '중국'으로 불렀을 것이다.

그 흔적이 '中'의 옛 글자에 남아있다.

中(가운데 중)의 옛 글자
가운데 ○의 위와 아래에
깃발처럼 표시된 두 줄의 선은 ○의 흔적이다.

위에 소개한 '中'의 옛 글자를 보면 ○을 가운데에 두고 상하에 깃발 모양의 두 줄이 남아 있는데 이 두 줄은 '○'의 흔적이다. '○○○' 즉 '셋' 중에서의 '가운데'라는 의미다.

'中'의 옛 글자는 '가운데'의 의미가 '셋 중에서의 가운데'라는 것을 말해주는 살아있는 증거라 할 수 있다.

혹자는 '주(周)'나라가 '천하지중(天下之中)'의 의미로 '중국'이라는 말을 사용하기 시작했고 공자(孔子)와 사마천(司馬遷)이 이를 답습했다고 주장한다.

그러나 고문자를 참고하면 '가운데'와 '中'은 '주(周)'나라보다 무려 1400년 전에 조선의 '세 나라'를 배경으로 만들어졌음이 분명하다.

나라 이름은 '조선'이고 3조선 중의 하나가 '중국'이었던 것이다.

이런 배경 때문에 우리는 중원의 일에 대해서 비교적 관대하다.

문자(文字)는 중국에서 기원, 종이(紙)도 중국에서 기원, 간지(干支)도 중국에서 기원, 역(易)도 중국에서 기원, 마차(馬車)도 중국에서 기원했다는 주장들에 대해서 큰 비판 없이 수용한다.

모두 우리 선조들이 세운 지도국(中國, 中心國)에 대한 기억과 정서

(情緖)에서 비롯된 현상으로 볼 수 있다.

iii) 천부경(天符經)

천부경은 문자가 있기 이전부터 구전(口傳)되던 것을 전자로(篆字) 표현하고 고운 최치원 선생이 한자로 옮겨 적어서 오늘에 이르고 있다고 알려져 있다.

81자의 비교적 짧은 문장으로 구성되어 있고 특별히 어려운 한자가 포함된 것도 아니므로 누구든지 몇몇 한자만 안다면 쉽게 접근할 수 있는데, 그러다보니 시중에 나와있는 천부경의 풀이들이 제각각이어서 처음 천부경을 대하는 사람들로부터 혼란스럽다는 말을 듣기도 한다.

사람마다 의식의 차원이 다르고 학문의 깊이가 다르고 분야 또한 달라서 어느 것이 바른 풀이인가에 대해서 단정지어 말하기는 어렵다.

하지만 나의 공부한 바에 의지해서 말한다면, 현재로써는 한자와 한글 즉 고대 문자를 통해서 천부경을 남긴 주체들의 초보적인 사고하는 방식을 이해한 다음에 천부경 풀이를 시도하는 것이 바람직하다고 생각한다.

그런 의미에서 나의 천부경 풀이는 한자와 한글에 담긴 고대 조선 동이의 가치관, 세계관, 삶의 철학을 반영한 것으로 참고할만 하다고 생각한다.

고대 문자의 원리를 참고하여 천부경을 살펴보면, 천부경은 대강 세부분으로 나누어 볼 수 있다.

세 부분이란 3개의 주제를 말하는데, 첫 번째 주제는 이 세상을 보는 관점에 관한 것으로, 음양(陰陽)과 천지인(天地人)에 대한 것이고 두 번째 주제는 '숫자'에 관한 것으로, 숫자(1~10)에 대한 기원과 의미를 풀이하고 있으며 세 번째 주제는 삶의 철학과 관련된 것으로, '앙명인(仰明人)'에 대해서 말하고 있다.

천부경(天符經, 81자)

먼저 첫 번째 음양, 천지인에 대해서 생각해 보면, 음양(陰陽)이나 천지인(天地人)이라는 표현이 지금 우리로써는 특별히 놀랄만한 것이라고 할 수는 없겠는데 그 옛날 아직 세상에 지식이 출현하기 전의 상황을 고려한다면, 세상을 보는 관점에 대해서 이처럼 명쾌하게 정리해 놓은 철학서가 있다는 사실이 놀라울 따름이다.

'일적십거 무궤화삼(一積十鉅 無櫃化三)'은 음양이 짝(櫃)을 이루어 무수히 분화한다(化三)는 것으로, '일적(一積)'은 '음(陰)'을 나타내고

'십거(十鉅)'는 '양(陽)'을 나타낸다.

석삼극무진본(析三極無盡本)은 셋(三極)으로 한 없이(無盡本) 나눌(析) 수 있다는 것으로, 셋은 '천지인'을 말한다.

요약하면 세상을 둘의 상대적 관계로 보기도 하고 또 천지인 '셋'의 관계로 보기도 한다는 선언이다.

두 번째 숫자의 기원에 대해서 생각해 보면, 숫자는 인류가 오늘의 찬란한 삶의 양태를 구축하는데 일등공신이라 할 정도로 유용하게 쓰이지만 그 기원에 대해서는 아직 어둠에 가려져 있다고 할 수 있는데 지구상에서 오직 유일하게 '천부경'만이 숫자의 기원과 의미에 대해서 말하고 있다.

천부경의 '대삼합육생칠팔구(大三合六生七八九)'는 불과 8자로 된 문장이나 이 짧은 문장으로 숫자의 기원과 의미를 설명하고 있는 것이다.

천부경이 말하는 숫자의 기원과 의미는 '천지인'이 '一二三'이고 '一二三'의 합이 '六(大三合)'이며 '6'에 또 '천지인(一二三)'을 더해 '七'과 '八'과 '九'를 만들었다고 선언한다.

세 번째 천부경의 뒷부분에 등장하는 '본심본태양(本心本太陽)'은 인간으로써의 삶의 철학과 위상에 대해서 언급한 것으로 '사람은 하늘의 해와 같다'는 의미의 표현이다.

사람은 본질적으로 하늘의 해와 같으므로 사람의 마음은 하늘의 해를 닮도록 노력해야 한다는 것이다. 이렇게 해를 닮으려고 노력하는 인간을 천부경에서는 '앙명인(仰明人)'으로 불렀다. '태양처럼 밝은 이'라는 뜻이다.

자세한 설명은 『천부경의 신비(도서출판 백암 刊)』에서 확인이 가능하므로 필자의 도서를 소개하는 것으로 그치려 한다.

그렇다면 천부경을 만든 사람들은 정말 천부경의 가르침대로 살려고 노력했을까?

그것을 알 수 있는 한 가지 단서가 있는데, 종종 고대 고분에서 출토되는 청동거울(銅鏡)이 그것이다.

청동거울은 금속을 다루는 뛰어난 능력과 탁월한 기하학적 지식을 보유한 증거로 알려져 있을 뿐 용도가 무엇인지에 대해서는 아직 알려진 바가 없다.

고대 조선 동이의 삶의 철학을 생각한다면 청동거울은 얼굴을 비춰보기 위해 만든 거울이 아니라 '앙명인(仰明人)'으로써의 수준을 가늠하는 도구였을 것이다.

출토되는 고분의 매장자가 주로 남자로써 무덤에 청동거울을 부장품으로 사용할 정도의 인물들은 정치적, 정신적 지도자의 신분이기 때문이다.

우리 겨레의 정치적 정신적 지도자들은 마음이 태양과 같아지기 위해 청동거울을 만들어 표면을 닦으면서 마음을 닦았을 것이다.

무령왕릉에서 출토된 청동거울

청동거울은 방치하면 곧 검은 때가 낀다. 그래서 매일 열심히 닦아야 한다.

아마도 청동거울 소지자들은 거울을 닦으면서 자기 마음을 닦았을 것이다.

닦은 거울로 해를 비춰서 100% 반사할 때까지 닦고 또 닦았을 것이다.

우리말의 '아이'는 '아해'로써 '어린 해'를 말하고 '아내'는 '안 해'로써 부인을 집안의 해처럼 여겼다는 것으로, 이 또한 해처럼 살고자 했던(仰明人) 조선인들의 삶의 철학을 담은 호칭이다.

그렇다면 고대에 적어도 이 세 가지 주제를 후손들에게 전하고자 했던 주인공들은 누구일까를 생각할 수 있는데 그것을 아는 것은 어려운 일이 아니다.

음양과 천지인의 세계관으로, 숫자를 창제했으며, 아이(아해), 아내(안해) 등 해 관련 용어를 사용하고 청동거울을 만들어 스스로 해와 같이 되고자 마음을 닦았던 사람들이 누구인지 찾으면 되는 일이다.

'조선'을 이야기하면서 '천부경(天符經)'을 소개하는 까닭이 바로 천부경에서 말하려는 세계관이 고대 조선의 지식인들의 세계관, 삶의 철학과 100%일치하기 때문이다.

천부경을 알면 조선을 아는데 도움이 되는 것도 천부경이 조선 이족의 산물이라는 것을 뒷받침한다.

천부경은 조선 지식인들의 생활지침서라고 할 수 있다.

ⅳ) 숫자

오늘 우리의 삶은 온갖 숫자를 매개로 유지되고 있다고 해도 과언이 아닐 정도로 숫자는 우리 삶의 기층을 이룬다.

하지만 그 쓰임에 비해 숫자의 기원에 대해서는 잘 알려져 있지 않다.

숫자는 언제 어디에서 만들어졌을까? 우리는 언제부터 숫자를 사용하기 시작한 것일까?

현재로써는 동서양을 통틀어 오직 유일하게 '천부경(天符經)'이 숫자의 기원을 명쾌하게 설명하고 있을 뿐이다.

'천부경'의 '대삼합육생칠팔구(大三合六生七八九)'는 비록 8자밖에 않되는 짧은 문장이지만 온 인류가 사용하는 숫자의 기원을 명쾌하게 설명한다.

'삼(三)'은 '一二三'을 의미하고 '대삼(大三)'은 '천지인'을 나타내는데 이것은 '一二三'의 기원이 '천지인'이라는 것이며 '대삼합육(大三合六)'은 '1, 2, 3'을 합하면 '6'이 된다는 말이며 '대삼합육생칠팔구'는 대삼(1,2,3,)과 六을 합해서 7,8,9를 만든다는 말이다.

나는 천부경 외 어디에서도 1~10까지의 숫자의 의미를 이처럼 명쾌하게 풀이한 것을 보지 못했다.

'천부경'은 숫자 '一二三'이 '천지인'에서 비롯되었다고 선언한다. 이러한 표현은 숫자를 처음 만든 사람들이 아니면 불가능한 표현이다.

이런 까닭에 천부경을 만든 이들이 숫자를 처음 만들었으며 숫자의 사용 또한 천부경을 넘어설 수 없다.

그렇다면 또 천부경은 어느 시기 누가 만들었을까를 생각해야 하는데 '천부경'의 '음양'과 '천지인'적 세계관은 조선 동이족의 독창적인 사고방식에 속한다.

따라서 숫자와 천부경의 기원은 고대 조선 동이족의 범주를 넘어설 수 없다.

v) '셋'의 가치관과 ○□△

우리의 일상어들을 곰곰이 생각해보면 '천지인'적 셋의 구조를 이루고 있는 것들이 많이 있다.

비교적 가까운 의식주만 돌아보아도, '밥-국-찬', '울타리-마당-집', '집-방-사람'을 들 수 있고 '해-햇살-기', '활-화살-화살촉', '마음-살(몸)-기', '임금-제후-병사', '아버지-아들-손자(3대)' 등은 각각의 대상을 '셋'의 구조로 본다는 것을 의미하며 한자 가운데 '衣(옷 의)'는 3획으로 되어 있는데 이는 '옷'을 '마음-살(몸)-옷'의 세 번째로 본다는 것이며 '影(그림자 영)'은 그림자가 세 번째 존재라는 것을 표현한 것으로, 모두 '천지인'적 셋의 논리적 바탕을 떠올리게 한다.

우리의 생활용어가 그러하다는 것은 언젠가 '천지인'적 사고의 주인공들이 세상을 통찰하고 그 알아차림을 활용하여 '천지인'적 '셋'의 관점에서 지은 이름이라는 것을 말해주는데 우리 역사를 거슬러 '천지인'적 사고에 정통한 사람들이 바로 조선의 동이족들이었다.

그들은 세상을 '하나와 둘과 셋'의 관점으로 나누어 보았는데, '둘'의 상대적 관계에서는 대립과 갈등이 불가피한데 비해 '셋'의 관점에서 보면 서로가 서로를 살리지 않으면 나 자신이 존재할 수 없다는 것을 알아차리고 가능하면 '셋'의 관계로 보기를 즐겨했던 것이다.

따라서 '천지인'적 '셋'의 관계로 보는 관점에는 바탕에 '살림'의 철학이 담겨 있다고 할 수 있으며 이 '살림'의 철학으로부터 '홍익인간'의 정신이 출현한다.

우리가 보통 '우리 것'이라고 할 때의 기준이 모호하다고 할 수 있는데 '셋'의 살림의 철학을 이해하면 이 '셋'의 살림, 홍익이야말로 우리 것의 움직일 수 없는 기준이라고 할 수 있으며 우리는 이것을 '셋의 가치관'이라고 불러도 좋으리라고 생각한다.

셋과 그림자

'셋'의 이해를 위해서는 '그림자'를 떠올리는 것이 도움이 되는데 그림자가 존재하려면 빛과 사물이 필요하다. 빛과 빛을 가리는 사물이 있으면 그림자는 저절로 생긴다.

이처럼 그림자에서 빛은 하늘이고 사물은 땅이며 만물은 그림자다.

셋의 철학으로 보면 우리는 그림자와 같다. 하늘과 땅이 있으면 우리는 저절로 생겨나는 것이므로 하늘과 땅을 살리는 것이, 세상을 살리는 것이 그림자와 같은 우리 스스로 존재하는 방식인 것이다.

이러한 인식으로부터 '살림', '홍익인간'의 정신이 출현한다.

'셋'의 살림의 철학, 가치관이야말로 조선 동이족 고유의 자랑스러운 전통이며 특징이라고 할 수 있다.

셋과 활

한편, 사물 가운데 이 셋의 관계를 상징하는데 특화된 사물이 있다.

'활'이다.

'활'은 고대 조선의 지식인들이 '해와 햇살과 김', '마음과 몸과 기'처럼 '셋'의 구조로 되어 있는 것들을 전달이 용이하도록 표현하기 위해 즐겨 사용한 도구다.

해와 김, 마음과 기 등은 보이는 형상이 없으므로 이를 표현하기란 여간 어려운 일이 아니다. 하지만 고대 조선의 지식인들은 '활과 화살과 화살촉'을 이용해서 보이지 않는 셋의 구조로 된 관계들을 유용하게 표현하곤 했던 것이다.

활		해		마음		마음		임금
활살	↔	햇살	↔	몸(살)	↔	살	↔	제후
촉		김		기		옷		병사

우리말에서 햇살, 화살 등의 '살'과 앞방, 건너방, 문간방 등의 '방' 그리고 밥상 위의 '국' 등은 셋의 관계에서의 두 번째를 의미한다.

따라서 어떤 대상의 이름 또는 호칭에 이들이 포함되어 있다면 '셋'의 관계를 먼저 살펴볼 필요가 있다.

고대 조선의 지식인들은 이러한 표현의 전문가들이었다.

'활'로 해와 마음을 나타내고 화살로 햇살과 몸(살)을 나타내며 화살촉으로 기와 기운을 나타내는 것은 고대 조선의 지식인들에게는 자연스러운 일이었다.

셋과 ○□△

'셋'은 '천지인'을 나타내며 천지인에 대한 인식으로부터 셋의 상징 도형인 '○□△'이 만들어지는데, 하늘을 '○'으로 표현하는 것은 '원만구족'하며 순환한다는 의미이며 땅을 '□'으로 나타내는 것은 '4방위'를 의미하는 것이며 만물을 '△'으로 나타내는 것은 하늘 땅과 더불어 함께 존재하는 세 번째 존재로써의 자기 정체성에 대한 인식의 표현이라고 할 수 있다.

'○□△(원방각)'은 인류 최초로 '셋'을 반영한 상징 체계로써 우리의 문자 한글과 한자를 만드는 원초적인 소재다.

따라서 이 도형이 언제부터 사용되기 시작했는지를 아는 것은 문자의 기원과 관련하여 매우 중요한 의미를 지닌다.

문자의 기원에서 보면, 조선 왕실의 희화 주씨가 '△'을 자기 이름자로 사용했으며 희화 주씨의 아들 고양 임금이 '△' 두 개로 자기 이름을 지었으며 고양 임금이 자식들을 낳아 이름을 지으면서 '○□△(원방각)'을 이용해 '成', '呂', '山'으로 지은 바가 있고 소호금천씨가 장인인 희화 주씨의 상징인 '△'을 상하로 뒤집어 '▽'을 만들고 자기 이름으로써 사용한 흔적이 있으므로 '○□△(원방각)'은 조선의 이족에게서 비롯되었다고 할 수 있다.

한편, '△'을 한자에서는 '삼합 집'으로 풀이하는데, 희화 주씨와 그의 아들, 손자, 사위가 '△'을 이용해서 이름을 지어 사용했으며 '집'의 의미가 '셋의 합'으로 오늘 우리가 사용하는 '집'의 의미와 일치하므로 '△'이야말로 우리의 말과 문자와 희화 주씨와 소호금천씨 등을 '조선'이라는 나라로 연결하는 연결고리가 된다.

심지어 천부경에 등장하는 숫자 6의 한자 '六'이 '집'의 모양이다.

숫자 6을 집모양 '六'으로 표현한다는 것은 이들이 숫자와 천부경과 우리말을 공유하고 있다는 것을 의미한다.

특히 '△'은 '○□△(원방각)'이 고대 조선에서 처음 만들어졌다는 것을 입증하는 대표적인 도형이다.

따라서 '○□△(원방각)'을 토대로 만들어지는 모든 문자들은 조선 이족의 창작물이라고 할 수 있다.

vi) 개천(開天)

우리에게는 여타의 다른 종족에게서 찾아보기 어려운 '개천(開天)'의 의식이 있다.

'사람의 머리에 있는 문(門)이 열리고 열린 문으로 하늘(天)이 내려오다(开)'라는 의미의 '개천(開天)'은 인류 최초 하늘에 대한 체험기라고 할 수 있으며 그 주인공은 당연히 조선의 이족이다.

개천의 경험을 소중히 여겨 '개천절'을 지정하기까지 개천의 의미를 이어가고 있는 사람들이 바로 우리 자신들이므로 우리로부터 거슬러 오르고 올라가면 고대 조선에 이르고 조선의 이족들이야말로 개천을 경험한 인류 최초의 주인공들이라고 할 수 있기 때문이다.

조선의 이족이 인류 역사상 '개천'을 경험한 주인공이라는 사실을 알 수 있는 증거들은 여럿이다.

누군가 하늘을 만났다고 한다면 단순히 만났다는 말 만으로 입증이 되는 것이 아니라 하늘을 만난 결과로써 무엇이 어떻게 달라졌는지 결과를 통해서 사람들의 인정을 받아야 하는 것처럼 조선의 동이가 개천의 경험이 있다면 그 경험을 통해서 어떠한 변화가 일어났는지, 결과가 어떠한지를 보면 개천 의식의 진위여부를 가늠할 수가 있다.

그런데 조선 동이의 개천의식으로 인한 결과들은 너무도 명료하다.

개천의 결과 세상을 보는 눈이 밝아짐으로써 만물의 상호관계를 알아차리고 이를 체계화하여 오늘 우리가 즐겨 사용하는 소위 '문명(文明)'을 이룩하게 되었기 때문이다.

다음은 개천의식의 결과로써 나타난 인류 문명(文明)의 초기 내용들이다.

- 인류 최초 하늘을 인식하다.
- 자신을, 사람을 하늘의 관점에서 보기 시작하다(동양식 주소표기의 기원)
- 하늘을 정점으로 음양, 천지인의 가치관, 세계관을 정립하다.
- 음양, 천지인의 논리를 체계화한 천부경(天符經)을 완성하다.
- 천지인적 논리를 체계화하여 숫자(1,2,3,4,5,6,7,8,9,10)를 창안하다.
- 천지인적 논리 체계를 도형화하여 '○□△'을 만들다.
- 음양 천지인의 논리를 기호화하여 문자(한자와 한글)를 만들다.
- 세상 만물의 체계를 수립하고 각각의 대상에 대하여 이름을 지어 부르다.

이것이 우리가 '인류 문명'이라고 말할 때의 '문명(文明)'의 실체다.

우리의 문명은 '개천'이라는 경험을 통해서 비로소 싹트게 되는 것이므로 문명의 정점에 '개천'이 있다고 할 수 있으며 이 개천의 경험자들은 조선의 동이족이다.

조선 동이가 인류에게 공히 소중한 자산인 까닭이 이것이다.

따라서 지구촌 시대 오늘 우리가 개천의 경험과 인식을 보유하고 있다는 것은 인류에게 있어서 우리 겨레의 의미가 특별하다는 것을 의미한다.

문명이 탄생하기 위해서는 '하늘'에 대한 인식이 있어야 하는데 '개천(開天)'이 바로 우리 겨레가 하늘을 만난 체험기이기 때문에 우리 겨레 특히 조선의 동이야말로 인류 문명의 주체라고 할 수가 있는 것이다.

그런 의미에서 우리의 개천에 대한 체험은 우리만의 것이 아니라 인류 전체의 것이며 개천의 결과로 이룩한 문명은 인류 공동의 문명이라고 해야 한다.

vii) 살림살이와 홍익(弘益)의 정신

우리의 일상 생활용어인 '살림살이'는 말 그대로 '누군가를 무언가를 살리는 일을 나의 삶의 목표로 삼고 살겠다'는 삶의 철학과 각오를 담은 말이다.

'살리다'라는 말은 '해', '햇살'의 양(陽)적인 기능에서 기원한 것으로, 하늘의 해가 세상 만물을 살리는 것처럼 나도 해처럼 살겠다는 다짐의 표현인데 이처럼 해로부터 무언가를 빌미로 세상을 설명하는 것은 하늘을 체험한 주체로써 스스로를 태양이라고 여긴 조선 이족의 전통적인 사고방식이며 삶의 철학인 것이다. 따라서 우리 겨레의 '살림살이'라는 일상어의 기원을 고대 조선에서 찾을 수 있다.

살림살이가 우리의 일상어라면 살림살이의 한자식 표현이 '홍익(弘益)'이다.

직역하면 '홍익(弘益)'은 '해(弘)와 하나가 되다(益)'라는 말이므로 이 또한 '해'를 지향했던 사람들의 용어 즉 태양족의 용어라는 것을 알 수 있는데, 고대에 해를 중심으로 세상의 질서 체계를 수립했던 조선의 이족이 바로 태양족이므로 '해와 하나 되겠다', '해처럼 살겠다(仰明人)'라는 의미의 '홍익인간'은 조선 이족의 삶의 철학이라고 말할 수 있다.

ⅷ) 간지(干支)와 숫자 12

간지(干支)는 '10간12지' 또는 '10천간12지지(十天干十二地支)'라고도 한다.

'10천간12지지'라는 이름에서 보면 '간지'는 '천지'의 다른 표현이며 '천지'는 '음양(상대적 관계)'의 원형이므로 '간지'는 '천지'의 합일을 의미한다고 할 수 있는데, 동양에서 간지는 언제 만들어졌을까?

간지에는 이미 10과 12라는 숫자가 담겨 있는 것으로 보아서 간지의 기원은 숫자의 기원을 넘을 수 없다고 할 수 있는데 천부경에 따르면 숫자가 만들어지는 것은 조선의 시기이므로 간지 역시 조선을 넘어설 수 없다.

간지의 속성상 처음 시작은 '갑자(甲子)'로 시작될 것이므로 주기 60년을 거듭해서 뒤로 셈하다보면 언젠가 '갑자(甲子)'로 시작되는 첫 해를 찾을 수 있고 그 갑자년과 관련된 주요 인물, 역사적 사건들과의 관계를 종합하면 동양에서 간지의 기원은 bc2517년 갑자년(甲子年)으로 비정할 수 있다.

bc2517년은 신농 불임금 즉위 원년(元年)이다.

'10천간12지지'라는 명칭은 간지의 성격과 의미가 무엇인지 12이라는 숫자의 의미를 알려주기도 한다.

간지는 하늘과 땅을 배경으로 숫자 10과 12로 표현할 수 있으며 하늘과 땅이 서로 짝이듯이 10과 12 역시 서로 짝의 관계에 있다.

10과 12는 서로 짝이다. 10의 짝이 12인 것이다.

이렇듯 12의 의미를 알게 되면 도처에 숫자 열둘(12)의 흔적이 있다는 것을 알게 된다.

우리의 고대국가 환12국을 비롯해서 황도12궁, 12열차분야지도, 판소리 12마당, 유대의 12부족, 예수의 12제자, 연필1다스(12개) 등 그 쓰임이 예사롭지 않다.

12의 의미에 대해서는 다음에 출간할 '상징으로 본 한민족 고대사'를 기다리기로 하고 여기서는 12이 숫자 10의 짝이며, 숫자로 표현된 이상 12은 숫자의 영역을 벗어날 수 없고 숫자는 조선의 천부경을 넘어설 수 없다는 점을 강조하고자 한다.

따라서 12의 원초적 상징 의미 역시 고대 조선의 산물로 볼 수 있으며 이 12의 상징 의미를 각 문명권이 공유하고 있다면 그것은 고대 조선의 산물을 인류가 공유하고 있는 것이 된다.

아마도 이 12라는 숫자는 동서양간 문명의 비밀을 푸는 열쇠가 될 수도 있을 것이다. 하나의 개념 또는 상징을 동서양문화가 공유하고 있다는 것은 두 문화간 교류의 흔적으로 볼 수 있기 때문이다.

제 2 장

조선(朝鮮)의 신성문자(Ⅰ)

- 명문(銘文) -

신성문자(神聖文字)란?

고대 조선의 문자는 이미 우리에게 익숙한 한자와 한글이다.
혹 한자와 한글이 고대 조선의 문자라는 주장이 불편하거나 거부감이 들거나 다른 견해가 있다 해도 염려할 필요는 없다.
어차피 세상의 지식이라는 것이 나름 한계가 있기 마련이고 한자와 한글 역시 기존의 정보 자체가 완전한 것이 아니어서 얼마든지 다양한 견해들이 출현할 수 밖에 없는 것이 오늘 우리가 살아가는 세상의 일이기 때문이다.
그래서 너무 일찍 자기 견해를 정립하는 것을 경계하기도 한다. 자칫하면 매사 선입견을 갖기 쉽고 선입견을 가지면 진실에 다가가는데 장애가 되기도 한다.

한자와 한글에 대해서도 마찬가지다. 한자는 중국인이 만든 문자로 알려져 있으나 한자에서 우리말의 흔적들이 속속 발견되고 한글의 기원을 훈민정음으로 보는 것이 지금까지의 상식이었으나 세종대왕 이전에 존재했던 한글의 흔적들에 대한 이야기가 끊이지 않는다.
우리의 지식이 불완전하다는 표현은 바로 이러한 현상을 말하는 것으로, 이제 우리는 '그렇다면 진실은 무엇일까?'를 생각해야 한다.
특히 문자와 관련해서는, 과거 어느 땐가 완전한 지식에 가까운 인식체계가 출현했던 시기를 상정할 수 있고 그 인식체계에 따라 '모양(刑象)'과 '뜻(意味)'과 '음가(音價)'를 고려하여 문자를 만들었을 것인데 동양이라는 영역 안에서 살펴본다면 이러한 일련의 지적 작업은 고대 조선에서의 일이었음이 틀림없다.
고대 조선인의 인식체계야 말로 '하늘', '음양', '천지인'적 구조의 전형을 이루고 있으며 이러한 인식을 삶 속에서 구현하고자 하였는데 우리의 문자 -한자와 한글-는 온통 '하늘', '음양', '천지인'의 논리 체계로 구조화되어 있기 때문이다.

그들은 광대무변한 우주와 세상을 어떻게 볼 것인가에 대한 관점(觀點)을 먼저 정립하고 이 관점에 따라 세상을 '하나와 둘과 셋'으로 나누어 보았으며 또 이러한 인식을 삶에서 그대로 구현코자 하였다.
나라를 세워도 셋으로, 집을 지어도 셋으로, 의식주의 표현도 셋의 원칙으로, 왕실 귀족들의 이름을 지어도 셋을 이용해서 지었다.
이런 까닭에 우리의 역사와 문화와 민속에는 '하나와 둘과 셋'이 일관되게 반영되어 있으며 조선 왕실 귀족의 이름에서 '○□△'의 흔적이 발견되기도 한다.
'하나와 둘과 셋'은 '하늘과 땅과 만물'이며 동시에 '하늘과 하늘과 땅 그리고 하늘과 땅과 만물'의 셋이기도 하며 도형으로는 '○□△'으로, 숫자로는 '一二三'으로 표현하기도 했다.

따라서 '하나와 둘과 셋'은 우리 겨레의 정체성이라고 부를 수 있는데 이러한 지적 역량을 갖춘 시기와 나라와 인물로써는 '조선'의 '동이'겨레를 제외하고는 어디에서도 찾을 수 없다.
고대 조선인들의 인식 체계야말로 우리가 '완전한 지식'이라고 불러도 손색이 없을 만큼 체계화된 것으로 이러한 인식체계를 반영한 것이 우리의 '문자(한글과 한자)'이므로 문자를 통해서 고대 조선인의 사고방식과 의식세계, 정체성을 찾는 것이 가능하다.

이제 고대 조선의 문자를 명문(銘文)과 한자와 한글의 세 가지 주제로 구분하여 소개할 것인데, 지금 우리가 접하는 한자와 모양이 다른 옛 문자들로 인해 낯설게 느껴질 수도 있으나 가능하면 거기에 머물지 말고 문자의 모양을 만든 사람들의 생각, 가치관, 세계관을 보려는 시도를 권장한다.
고대 조선의 신성문자 명문과 한자와 한글의 학습을 통해서 고대 조선 동이 겨레의 가치관을 습득하는 기회로 삼아야 한다.

1. 청동기 명문(銘文)

고대 조선의 초기 문자는 제기(祭器)를 비롯한 청동기(靑銅器)로 만든 예기(禮器)에 명문(銘文)의 형태로 전해진다.

금속에 새겨진 문자를 포괄하여 '금문(金文)'이라 부르는데 금문 가운데에서도 특히 초기 청동기 금문에는 사람의 이름자가 등장하는 것이 특징이므로 이 시기의 금문을 여타의 금문과 구분하여 특별히 명씨금문(銘氏金文) 또는 명문(銘文)이라 부른다.

동양에서 금속으로 된 도구는 보통 하(夏), 은(殷), 주(周) 3代에 걸쳐 폭넓게 사용되는 것으로 알려져 있으므로 여기서 언급하는 금문은 은나라 갑골문 이전 초기 '청동예기(靑銅禮器)'에 새겨진 문자만을 특정하는 것으로 한다.

한편, 고대 조선의 문자 특히 명문의 가치를 실감하려면 문자를 새긴 소재로써의 청동과 청동기에 대한 약간의 이해가 필요하다.

청동의 의미와 청동기의 위상에 따라 그 청동기에 새긴 문자의 위상이나 의미도 영향을 받을 수 있기 때문이다.

1) 청동과 구리

'청동기(靑銅器)'라고 하면 보통 역사 발전의 단계에서 시대를 구분할 때 등장하는 '청동기시대(靑銅器時代)'라는 용어가 먼저 떠오른다.

역사에서는 편의상 토기(土器), 석기(石器), 청동(靑銅) 및 철기(鐵

器) 등 생산에 사용된 도구를 기준으로 시대를 구분하곤 하는데 토기나 석기는 자연에서 있는 그대로를 취하거나 약간의 가공만으로도 생활에 직접 활용할 수 있지만 '청동'은 여러 가지 기술의 발달이 뒷받침되지 않으면 사용이 불가능한 금속이다.

광석을 채취하고 제련해야 하며 어렵게 얻은 청동에 다른 금속을 섞어(合金) 가공한 후에야 비로소 청동기가 탄생하는 것이다.

따라서 청동(靑銅)이 등장했다고 하는 것은 토기나 석기 위주의 생산 단계와는 비교할 수 없을 만큼 기술이 발달했음을 의미한다.

기술 발달의 정도를 알기 위해서는 청동기 이전의 세대가 어떻게 살았는지를 돌아보는 것도 도움이 된다.

청동기 출현 이전의 세대는 흙으로 그릇을 만들거나 돌을 깨트려서 도구로 사용하던 우리가 소위 원시라고 부르는 그런 시대였다.

물고기나 짐승을 잡아 고기는 먹고 그 가죽을 걸치며 움집이나 귀틀집에서 추위와 더위, 짐승으로부터의 위협을 피하던 그런 시절이었다.

그런 삶의 끝자락에서 이전과는 비교할 수도 없을 정도의 강도를 지닌 신소재가 등장하였는데 그것이 바로 '청동(靑銅)'인 것이다.

청동의 등장이 이러한 만큼 당시에 그 청동을 장악한 주체들과 청동제품의 용처를 아는 것은 매우 중요하다. 요즈음의 상황에 비추어 말한다면 '반도체'에 비견할 정도로 천지개벽과도 같은 기술 변화의 중심이 '청동(靑銅)'이었기 때문이다.

'청동'을 다루었던 주인공들은 어렵게 얻은 귀한 금속을 삶의 비중이 큰 곳에 사용했는데 그 용처가 바로 제사용 그릇 즉 '제기(祭器)'를 만드는 것이었다.

그들은 신소재 청동을 활용하여 제기를 만들었으며 제기의 몸과 덮개에 제기를 만든 자신들의 이름과 제사와 관련된 약간의 내력을 기록하였다.

'청동'의 출현은 역사 발전의 과정에서 국가 출현의 지표가 되기도 하는데 특히 청동기에 이름을 새겼다고 하는 것은 이미 종묘사직을 갖춘 구체적 정치적 집단의 출현을 의미하는 것으로, 언제 어디서 누가 어떻게 어떤 문자를 만들었는지 완전한 고대사의 실체를 밝히는 일이 가능하다는 것을 의미한다.

지금까지 동양에서 고대 역사는《서경(書經)》,《시경(詩經)》,《춘추(春秋)》, 사마천의『사기(史記)』등 주로 지나인의 기록을 토대로 '삼황오제(三皇五帝)'를 비롯한 특정 인물들에 대해서 신화 전설의 형태로 이해하는 것이 보통이었다.

그러나 청동기에 새겨진 당시인들의 문자나 기록이 등장함으로써 이제 여타 기록의 진위(眞僞)를 분별하거나 빈약한 내용을 보완할 수도 있게 되었다.

청동기의 등장은 이렇듯 국가와 문자의 출현을 의미하고 문자의 출현은 문명(文明)과 역사의 기원을 의미하므로 청동기는 문자, 문명과 더불어 인류 역사의 기원을 살피는 중요한 지표라 할 수 있다.

인류 역사 발전의 단계에서 언급되는 여러 생산수단 가운데 하나로써의 '청동'기의 의미는 재평가되어야 한다.

2) 치우천왕과 구리 그리고 북두칠성

우리 역사상 청동기의 등장과 관련해서 반드시 거론하지 않으면 안되는 한 인물이 있다. 소위 동두철액(銅頭鐵額)이라는 말로 묘사되는 배달국 14대 '치우천왕(蚩尤天王)'이 그 주인공이다.

치우천왕과 관련해서는 유달리 주목할만한 여러 가지 사실들이 존재한다.

그중에서도 '구리국의 천자'이며 동시에 '배달국의 제14대 한웅'이라는 치우천왕의 신분은 그 첫 머리에 꼽을 수 있을 정도로 이례적이다.

역사상 한 인물이 동시에 두 나라의 통치자로 등장하는 사례는 찾아보기 어렵다.

그렇다면 치우천왕에 대한 '구리국의 천자'이며 동시에 '배달국의 제14대 한웅'이라는 기록 자체가 오류인 것일까? 아니면 우리가 모르는 어떤 또 다른 사실이 존재하는 것일까?

'치우천왕은 군신(軍神)'이라는 표현도 다시 생각해보면 의아스럽기만 하다.

용맹하기는 하지만 황제와의 전투에 패해 6토막으로 나뉘어 묻혔다는 것이 지나인들의 기록인데 한고조 유방은 전쟁에 나서기전 군신으로 추앙하던 치우천왕을 모신 사당에서 제를 올려 승리를 기원했다고 한다.

전쟁에 패한 적장을 '군신(軍神)' 즉 전쟁의 신으로 추앙한다는 것은 이해하기 어렵다.

치우천왕의 나라 이름 '구리(九黎)'와 '청구(靑丘), 동두철액(銅頭鐵額)으로 표현된 '청동(靑銅)'이라는 금속, 치우천왕을 모신 사당 '둑신사', 둑신사의 위치인 물가, 치우천왕에게 올리는 제사 '둑제(纛祭)', 둑제를 지내는 절기인 상강(霜降)과 경칩(驚蟄), 치우천왕을 상징하는 '둑기(纛旗) 등 치우천왕과 관련하여 등장하는 많은 상징들은 여전히 장막에 가려져 있는 것이 사실이다.

하지만 조금 더 주의를 기울이면 여러 상징의 이면에는 공통된 하나의 속성이 놓여 있다는 것을 알 수 있다. 그것이 바로 '음(陰)'의 속성이다.

'청동'은 우리말로 '구리'라고 하는데 '구리'는 치우천왕의 나라 이름이며 '구리'는 또 '청구'라고도 하는데 '청구(靑丘)'의 '靑'은 북두칠성을 의미하며 옛날엔 북두칠성을 '나난구리'라고도 불렀다.

이처럼 '청동'과 '치우천왕'과 '구리'와 '청구'는 '북두칠성'과 불가분의 관계에 있으며 '북두칠성'은 어둔 밤에 뜨는 대표적인 '음(陰)'의 상징이다.

따라서 '음(陰)'의 속성을 매개로 '청동'과 '치우천왕'과 '구리'와 '청구'와 '북두칠성', '둑'은 '하나'인 것이다.

'청동'과 관련해서는 이 사실을 아는 것이 매우 중요하다.

겉으로는 '청동', '치우천왕', '구리', '청구', '북두칠성' 등 각기 다른 이름으로 불리지만 실상은 '음(陰)'의 속성을 나타내는 다른 표현들이라는 사실을 염두에 두어야 다음의 표현들을 이해할 수가 있게 된다.

- 치우천왕은 갈로산에서 청동을 채취하여 투구와 갑옷을 만들었다.

- 치우의 형상을 묘사하여 '동두철액(銅頭鐵額)'이라 불렀다.
- 치우천왕의 나라 이름을 구리(九黎)라고도 하고 청구(靑丘)라고도 한다.
- 치우천왕은 '군신(軍神)'으로 추앙되었다.
- 치우천왕을 모신 사당이 '둑신사(纛神祀)'다.
- 둑신사에는 둑기(纛旗)가 모셔져 있고 둑제(纛祭)를 지낸다.
- 둑(纛)은 독이라고도 하며 우리말 '둑'은 물을 가두는 가둔다는 의미다.
- 서울의 뚝섬은 둑신사가 있었던 곳이어서 붙여진 이름이다.
- 둑신사에서는 상강(霜降)과 경칩(驚蟄)에 제사를 지냈는데 상강과 경칩은 물이 어는 것과 해빙과 관련이 있다. '둑'의 '가둔다'는 의미가 '얼음'으로 표현되었다.
- '둑'의 쓰임 중에 '말둑'이 있고 말둑으로부터 바빌론의 창조신 마르둑이 연상된다.
- 치우천왕을 '둑'이라고도 한다.

저수지나 방죽의 '둑'은 '가둔다'는 의미를 나타낸다. 둑방은 물을 가두는 저수지의 둑이다.

무언가를 가두는 것은 음(陰)의 속성으로, '살림'의 양(陽)적인 속성에 상대되는 행위라고 할 수 있는데, 치우천왕을 모시는 제사가 '둑제(纛祭)'고 치우천왕을 그린 기(旗)가 '둑기(纛旗)'이며 둑을 모신 사당의 이름이 '둑신사(纛神祀)'라면 치우천왕은 '둑(纛)'이 된다.

이것은 치우천왕의 또 다른 호칭이 '둑'이라는 것이므로 이로부터 우리는 치우천왕과 구리국의 정치적 위상을 짐작할 수가 있다.

치우천왕의 나라 '구리'는 음의 속성을 가진 나라, 구리의 치우천왕은 음의 속성을 집행하는 집행관인 것이다.

그렇다면 '나라'와 관련하여, '정치'와 관련하여 음의 속성이란 무엇을 의미하는 것일까?

이것은 우리 겨레 고유의 '살림살이' 정신을 돌아봐야 하는데, '살림살이'의 이론적 바탕은 '천지인'적 세계관이다.

세상을 '천지인'적 사고로 보면 세 번째 존재인 '만물'은 그림자와 같은 존재라고 할 수 있는데 그림자는 '빛'과 빛을 가리는 '사물'이 있어야 비로소 존재 가능한 세 번째가 되므로 그림자의 존재방식은 첫째와 둘째를 살리는 것이 관건이 된다.

이처럼 스스로를 세 번째 존재로 여기는 인식과 마치 그림자의 존재방식처럼 만물이 존재하려면 먼저 첫째와 둘째를 살리는 것이 필요하다는 인식으로부터 우리의 '살림살이'정신이 출현한다. '홍익(弘益)'은 '살림살이'의 다른 표현이다.

그리고 '살림살이'를 국가(國家), 정치(政治)의 영역으로 끌어오면 정치, 경제, 사회, 문화, 예술, 교육, 복지 등으로 세분할 수 있으며 이를 일컬어 국가, 정치의 양(陽)적 기능이라고 말하는데 양적 기능이 원만히 유지되기 위해서는 국방과 치안이라는 음(陰)적 기능의 뒷받침이 또 필요하게 된다.

치우천왕의 나라 이름 '구리'와 '청구' 그리고 '군신(軍神)'이라는 칭호를 비롯해서 치우천왕의 치적이 전쟁과 관련된 분야에 집중된다는 것 등으로 미루어 치우천왕의 위상은 '음'의 속성과 뗄 수 없는 관계에 있다는 것을 짐작할 수가 있다.

이런 의미에서 치우천왕의 나라 ‘구리(=청구)’의 기능을 다시 보아야 하는데, ‘구리’는 또 ‘구리’로만 존재하는 것이 아니라 상대되는 ‘고리’와 짝을 이루어 존재한다.

이것은 고대에 처음 ‘이름’을 만들어 부른 사람들의 가치관, 세계관에 근거한 것이므로 우리는 이 관계를 알아차리면 실체를 파악하는데 도움이 된다.

‘고리’의 속성은 ‘環’자를 통해서 살펴볼 수가 있는데 ‘環(고리 환)’은 ‘고리’를 나타내며 ‘환’이란 음가는 ‘해가 떠서 환하다’라는 문장에서 보듯이 해의 밝은 빛과 관련이 있다.

‘고리(環)’를 왜 하필 ‘환’이라 발음하겠는가? 그것은 ‘고리’를 해의 밝음과 연계해서 보겠다는 의미다.

따라서 ‘고리’로부터는 ‘해’를 떠올려야 하고 해가 하는 일은 세상 만물을 살리는 것이라고 이해하는 것이 필요하다.

‘고리’와 ‘구리’는 이처럼 해와 별(북두칠성)을 매개로 ‘살림(살림살이)’과 ‘억압(통제)’으로 짝을 이루고 있다는 것을 알 수 있다.

이처럼 ‘고리’와 ‘구리’는 처음부터 서로 짝의 관계로 성립했음에도 불구하고 ‘구리’의 역사성에 비추어 ‘고리’의 실체는 거의 알려진 바가 없다.

그것은 ‘고리’의 이념이 ‘살림(홍익)’에 있고 살림의 존재방식인 셋(천지인)의 구조를 이루어야 하므로 ‘셋’을 고려하여 ‘조선(朝鮮)’이 되고 조선은 또 ‘3조선’이 되어야 했기 때문이다.

그리고 이것은 천부경(天符經)의 ‘일적십거무궤화삼 천이삼 지이삼 인이삼(一積十鉅無匱化三 天二三 地二三 人二三)’의 논리와 정확하게 일치한다.

천부경을 만든 주인공들이 나라를 세우면서 천부경의 논리에 따라 나라 이름을 붙였다는 것을 강력하게 시사한다.

정리하면, 치우천왕을 알아야 구리, 청구를 알 수 있고 구리를 알아야 고리를 알 수 있으며 고리, 조선으로 이어지는 '살림'의 역할을 맡은 '양(陽)'적 속성의 나라를 아는데 도움이 된다.

우리가 '청동(靑銅)'이라 부르는 금속이 '구리'라는 이름을 갖게 되는 계기도 아마 별 중의 별 북두칠성으로부터 비롯되었을 것이다.

3) 구리(靑銅)와 북두칠성 그리고 제기(祭器)

'구리'를 우리는 '동'이라고도 하고 '청동'이라고도 하는데 청동(靑銅)의 '靑'이 '生+井'으로 되어 있고 '井(우물 정)'은 고대 북두칠성의 상징이었다.

따라서 '구리'라는 이름의 '청동'은 '북두칠성'과 불가분의 관계에 있다고 할 수 있는데, 북두칠성은 밤 어둠의 상징이기도 하다.

북두칠성(七星)의 옛 이름이 '나난(난은)구리'라고 하니 '구리'는 애당초 '별'과 '어둠'과 '음'을 상징하는 말이었던 것이다.

천체(天體) 가운데 사람의 탄생과 죽음을 관장하는 별이 북두칠성이다.

북두칠성과 관련해서는 '죽음'에 대한 관념의 변화를 살펴볼 수도 있다.

고대 조선에서는 죽음과 관련하여 2개의 관념이 존재했다.

조선의 초기에는 사람은 해와 같다고 여겼다. 해가 떠서 지듯이 사람도 그러하다고 생각했다. 해로부터 오고 다시 해로 돌아가는 것으로 여겼다.

'상여(喪輿)'를 나타내는 한자에 '輀(상여 차 이)'가 있는데, '輀'는 '해(而)로 가는 마차(車)'를 의미한다.

세계 곳곳에서 볼 수 있는 화장(火葬)이나 조장(鳥葬), 수장(水葬) 등 장례 풍습은 대부분 해로 돌아가는 의식이라고 할 수 있다.

그러나 점차 세상에 대한 눈이 밝아지면서 낮의 '밝음'보다 더 위세가 큰 밤의 '어둠'이 있다는 것을 알게 되고, 밤하늘을 하루 한 바퀴 순회하는 북두칠성을 주목하여 북두칠성을 밤의 제왕으로 여기면서 사람도 북두칠성에서 오고 죽으면 다시 북두칠성으로 돌아가는 것으로 관념이 바뀌게 되었다.

아이가 태어날 때의 '세 이레(3×7)'와 죽어서의 '49(7×7)재' 등이 모두 북두칠성에서 오고 북두칠성으로 돌아가는 것을 기념하는 의식이라고 할 수 있다.

청동제기(青銅祭器)와 관련해서는 이와 같은 의식의 변화와 여러 의미들을 동시에 고려해야 한다. 그 행간에 고대 조선인들의 가치관, 세계관, 삶의 철학이 배어 있기 때문이다. 단순히 청동이라는 금속으로 만든 제사용 그릇이 아니라 청동이 상징하는 의미들을 함께 살펴야 하는 이유다.

청동의 사용이 주로 제기 제작에 집중된 것도 그런 이유다.

조선(朝鮮)은 양(陽)적인 살림 위주의 나라로써 조선을 수호하는 숨은 그림자와 같은 '구리'가 있으므로 '구리'의 면모를 파악한다면 음양의 짝을 이루는 '고리'와 실질적 '고리'인 '조선'의 이해에 도움이 되는 것이다.

이렇듯 '구리'를 개발한 고대인들은 이 구리를 이용하여 제기를 만들면서 제기에 자신의 이름 새기는 것을 매우 자랑스럽게 여겼다.

그래서 청동 제기에는 이 제기를 만든 사람들의 신분과 지위와 이름을 비롯해서 제사에 대한 약간의 내력이 새겨져 있는 것이다.

특히 문자와 관련하여 청동제기가 주목을 받는 까닭은 청동기 명문 중에는 누가 누구에게 제사를 드린다는 내용이 원시적인 상형체 문자의 형태로 새겨져 있어서 문자의 기원과 발달 과정을 파악할 수 있을 뿐만 아니라 고대 주요 인물들의 혈연관계 즉 '역사'를 파악하는 것이 가능하기 때문이다.

그것이 무어 그리 중요하냐고 반문할지도 모르는데, 청동기 명문의 혈연관계에 비추어보면 지금 우리가 알고 있는 고대 주요 인물들에 대한 정보가 대단히 왜곡되어 있다는 것이 금방 드러나고 만다.

어쩌면 지금까지 동양의 고전으로 손꼽히던 서적들은 모두 청동기 명문을 기준으로 다시 평가되어야 할 것이다.

대체로 청동기 명문(銘文)에는 지금 우리가 사용하는 문자의 옛 모습들이 다수 발견된다.

따라서 이 옛 문자들을 통해서 지금 우리가 사용하는 소위 '한자'의 본래 모습을 재구성하는데도 도움이 된다.

제기(祭器)는 보통 몸체와 뚜껑의 두 요소로 구성되어 있으며 뚜껑은 언제나 그릇의 위에 위치하게 되므로, 문장을 새길 경우 몸체와 뚜껑을 구분하여 몸체에는 제사를 드리는 사람의 이름을 새기고 뚜껑에는 제사를 받는 윗대의 이름을 남기는 사례가 발견되기도 한다.

이러한 특징 때문에 청동기 명문을 이용하면 고대 조선의 정치적 종교적 지도자들의 혈연관계를 파악해 낼 수가 있는 것이다.

5천 년 전 고대에 자기 이름을 가지고 있으며 청동으로 제기를 만들어 사용할 정도의 지위나 신분을 유지했던 이들이 바로 동양사의 첫머리에 등장하는 소위 삼황오제(三皇五帝)와 같은 인물들이기 때문이다.

청동기 명문의 가치는 아마도 이에서 더욱 빛난다고 말할 수 있다.

역사는 사료가 귀중한데 청동기 명문이야말로 역사가들이 그토록 열망하는 소위 '1차 사료(史料)'이기 때문이다.

우리 고대사를 탐구하려면 『삼국사기(三國史記)』, 『삼국유사(三國遺事)』, 『고려사(高麗史)』와 같은 사료들을 참고해야 하는데 이 사서들은 대체로 한 왕조가 지난 다음 왕조에서 기록되는 것이 보통이다.

실제로 『삼국사기(三國史記)』, 『삼국유사(三國遺事)』는 고려인인 김부식과 일연스님에 의해서 완성되고 『고려사(高麗史)』는 조선조에서 간행되었다.

왕조의 교체는 이념이나 가치의 충돌을 전제한다. 따라서 나중에 등장한 왕조에서 이전 왕조의 역사를 기록한다고 하는 것은 언제나 부정적인 시각이 개입될 여지가 크다.

이전 왕조의 부조리가 강조되면 강조될수록 새 왕조 등장의 명분이 되기 때문에 사료의 신뢰성에 대한 의문이 끊이지 않는 것이다.

그런데 청동기 명문은 당시대인들이 직접 자기 자신의 이야기를 남겨놓은 1차 사료라는 의미에서 고대 청동기 명문의 등장은 우리 고대사에 대한 일대 재인식의 계기가 될 것이라고 확신한다.

2. 청동기 명문의 이해

1) 명씨 금문(銘氏 金文)의 사료 가치

명씨금문(銘氏金文)이란 문자 그대로 쇠(청동기)에 새겨진 사람의 이름으로 된 문자를 말하는데 특히 청동(靑銅)으로 만든 제기(祭器)에 새겨진 문자를 구분해서 말하기도 한다.

명씨금문(銘氏金文)이 없다면 아마도 청동기와 제기와 사람의 이름은 서로 무관한 별개의 것이었을는지도 모른다. 하지만 이 셋은 서로 당시 사람들의 가치관, 세계관, 삶의 철학과 연결되면서 그 가치와 의미가 극대화된다.

신석기 시대 말엽에 인류는 '구리(靑銅)'라는 금속을 찾아냈는데 이 귀한 금속을 이용해서 하늘과 조상 제사에 사용할 제기(祭器)를 만들었으며 하늘과 조상 제사는 당시인들로써는 천명(天命)과도 같은 중대사였으므로 '제사드리는 사람 누구'라는 식의 글귀를 청동제기에 새기는 것을 매우 자랑스럽게 여겼다.

이 사실은 '銘(새길 명)'자를 통해서 다시 확인할 수 있다.

'銘'자는 '金+名'으로 되어 있으며 '金'은 '쇠(금속)'을 나타내고 '名'은 사람의 이름을 나타낸다.

그러니까 '새기다'라는 의미를 나타내기 위해 '쇠'와 '이름'을 동원한 것인데 이것은 인류의 어느 시기에 금속(金)에 사람의 이름(名)을 처음 새기는 것을 특별한 일로 여긴 사람들의 경험이 반영된 것이라고 할 수 있다.

청동기에 사람의 이름을 새겨본 경험이 있는 사람이어야 '새김(銘)'을 '쇠(金)'와 '이름(名)'으로 정의할 수가 있기 때문이다.

따라서 '銘'자는 어느 시기 청동기에 직접 자기 이름을 새겨본 경험이 있는 사람의 창작물이라고 할 수 있는 것이다.

내용의 파악에는 아직 미진한 부분이 많이 남아있지만 '銘'자의 내용처럼 청동제기에 사람의 이름자가 들어있는 기록들이 담겨 있으므로 이를 통틀어 '명씨금문(銘氏金文)'이라 부르며 명씨금문이야말로 누군가에 의해서 윤색되거나 가공되지 않은 당시 역사 주체들의 의식이 생생하게 살아있는 생생한 1차 사료라고 할 수 있다.

2) 명씨 금문의 이해 - 관점과 가치관

청동제기에 새겨져 있는 명문에는 우리말 우리 문자 그리고 우리 역사와 관련하여 매우 중요한 사실들이 담겨 있다.

그것은 문명의 초기 인류가 세상을 어떻게 보았는지를 알 수 있을 뿐 아니라 동양의 역사, 문화, 철학을 하나로 관통할 정도의 가치관과 그 자취에 관한 것이다.

사실 우리가 사는 세상은 너무나 복잡하고 다단하여 한마디로 말하기 어려운 것이 사실이다.

따라서 무언가에 대해서 정확하게 말하고 상대의 공감을 얻어내기 위해서는 사안에 따른 '관점(觀點)'의 제시가 필요하다.

대상이 하늘이든, 땅이든 다른 무엇이든 그것에 대해서 '나는 이러한 관점에서 보겠다'라는 견해 표시가 전제된다면 사람들의 관심과 이해 그리고 공감의 정도는 훨씬 증진될 것이다. 오늘 우리 사회의 혼란은 이 '관점'에 대한 이해 자체가 사라졌다는 것에서 그 원인을 찾을 수도 있다.

하나의 사물에 대해서도 보는 위치, 보는 방향에 따라 얼마든지 다르게 보일 수 있다는 것은 누구나 쉽게 경험하는 바와 같다.

따라서 다양한 견해로 인한 혼란을 극복하기 위해서는 반드시 '관점'이 먼저 제시되어야 하며 이러한 '관점'이 성립되려면 전체를 꿰뚫어보는 높은 안목(眼目)과 어느 방향 어느 위치에서 보는 것이 바람직하다는 가치의 기준 즉 가치관(價値觀)이 중요하다.

가치관(價値觀)이 정립되어야 세상과 사안들을 어떠한 가치를 기준으로 볼 것인가에 따른 '관점'이 생겨나고 이 관점이 제시되어야 비로소 개개의 사물에 대한 정의가 가능하고 사회적 공감대 형성이 용이하며 이것을 통해 민족이나 국가의 공동체적 성향이 발휘될 수 있기 때문이다.

그런데 명씨 금문에는 이 관점에 대한 놀라운 정보가 담겨 있다.

명씨 금문을 포함하여 문자는 하나 이상의 음가를 갖게 되는데 바로 이 음가(音價)에 그 문자가 나타내려는 대상을 어떠한 측면에서 볼 것인지 또는 보아야 하는지에 대한 기준, 관점이 담겨 있는 것이다.

따라서 문자에서 음(音, 소리)의 의미를 읽어낼 수만 있으면 문자는 자체로 문명의 초기 인류의 가치관, 세계관을 학습하는 문명 최고의 철학 텍스트가 될 수 있을 뿐 아니라 특정한 공동체가 어느 시기에 통일된 견해, 관점, 조직을 갖게 되었는지를 알 수 있는 단서가 되기도 한다.

더구나 '관점'에 관한 사항은 고도의 지적 역량을 갖춘 사람들과 관련이 있으므로 명씨금문으로 상징되는 시기의 주체들이야말로 인류 최고의 지성이라고 할 수 있는데 명문 탐구의 결과 이들은 고대 조선의 동이로 드러난다.

이제 몇몇 명씨금문을 예로, 동양의 신성 문자인 한자 · 한글의 기원과 문자 전반에 걸친 황금제국 조선의 정서를 체험해보기로 한다.

① ㅣ

'ㅣ'자는 '꽂을 곤', '뚫을 곤', '뾰족할 신', '상하로 통할 신' 등의 훈음(訓音)을 가진 문자(한자)인데 'ㅣ'자의 경우처럼 하나의 문자가 여러 개의 훈음은 갖는 것은 'ㅣ'의 모양과 또 상관된 인물의 상징성에서 비롯된다.

명씨금문(銘氏金文)의 자료을 탐구해보면 'ㅣ'은 신농(神農) 불임금(炎帝)의 상징이며 이름자다. '하늘에서 내려와 서 있다', 또는 '땅에 내려와 우뚝 서 있는 하늘 사람'이라는 의미로 신농 불임금이 자기 이름자로 사용했던 것이다.

'ㅣ'자가 출현할 당시 세상에는 아직 '이름'을 표현할 만한 문자가 없었다고 볼 수 있다. 실로 오랜 무문(無文)시대의 끝 무렵에 인류는 마침내 대상을 구분해서 나타낼 기호체계를 수립하였는데 그 첫 작품이 'ㅣ'을 비롯한 14개의 초보적 기호체계였던 것이다.

이들 기호 속에는 이 기호를 처음 만든 사람들의 가치관, 세계관이 담겨 있는데, 앞에서 설명한 바와 같이 기호 체계를 수립한 사람들은 언제나 하늘을 맨 먼저 생각했다.

하늘이 있고 땅이 있으며, 하늘과 땅이 있으면 만물이 있다는 식이었다.

생각이 이러했으므로, 문자를 만들면서도 이들이 생각한 첫 대상이 바로 하늘이었으며 하늘을 나타내는 기호와 땅을 나타내는 기호 그리고 사람을 나타내는 기호를 차례대로 만들었는데 사람을 나타내는 첫 번째 기호가 'ㅣ'이었던 것이다.

그래서 'ㅣ'은 '사람'의 상징으로 '하늘과 땅, 위와 아래를 잇는다', '하늘에서 내려와 있다'는 등의 원초적 의미를 나타내며 동시에 그 의미를 담아낸 문자를 만든 주인공 바로 염제 신농씨의 이름자로 사용되었다.

그래서 'ㅣ'은 하늘과 땅의 연결 외에 신농씨의 사회적 지위 등 여러 상징 의미를 갖게 되는데, 'ㅣ'의 '곤'이란 음가는 'ㄱ'의 의미로 보겠다(하늘에서 오다)는 것이며, '신'이란 음가는 '담고 있다'라는 것으로 'ㅅ'의 관점에서 본다는 것이다.

한편, 신농씨가 혼인하여 아들을 낳아 이름을 지어주었는데, 그 아들의 이름자가 '屮'자다.

신농씨의 이름자 'ㅣ'에 좌우로 싹이 난 모양을 더해 '屮'자를 만들어 아들(희화 주씨)의 이름자로 썼다. 지금 한자에서 '屮'은 '싹 철'이라는 훈음(訓音)으로 사용된다.

그리고 희화 주씨가 장성하여 자식이 태어나자 희화 주씨의 이름자인 '屮'자에 '•'을 더해서 '朱'자를 만들어 아들(고양씨)의 이름자로 썼다.

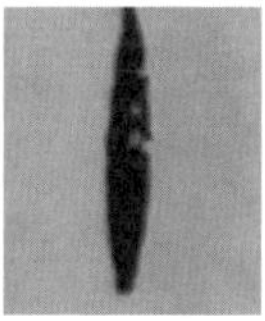

아버지
염제 신농씨의
이름자(ㅣ)

→

아들
희화 주씨의
이름자(屮)

→

손자
정옥 고양씨의
이름자(朱)

이 세 분의 이름자에서 공통으로 발견되는 'ㅣ'이야 말로 인류가 가진 이름 가운데서 아마도 '최초'의 이름일 것이며 'ㅣ'의 음가 '곤', '신'은 오늘 우리가 사용하는 우리말 그대로다. 고대에 우리의 선조들이 문명의 주체라는 사실을 말해주는 강력한 사료라고 할 수 있다.

② 父子

문자는 문자마다 정체성이라고 할 수 있는 고유의 기원이 있다. 예를들어 우리에게 있어서 '아버지'라는 호칭은 까마득한 고대로부터 시작되었을 것으로 추측될 뿐 언제 어디서 누가 등의 조건을 갖추어 설명하기는 어렵다.

하지만 '아버지'가 '父'라는 문자로 표기되는 순간 상황이 달라진다.

'父'는 '丨+又'로 이루어진 것인데 '丨'이 이미 신농 불임금의 이름자라는 것을 알았으므로 누군가 신농(丨)씨를 붙잡아(又) 비로소 '아버지'가 되는 사람이 있다는 것을 알 수가 있는 것이다. '父(아버지)'의 '부'라는 음가는 '붙잡았다'라는 의미이며 '아버지(父)'를 '부'로 불렀다는 것은 아버지를 'ㅂ'의 관점에서 보겠다는 의미라고 할 수 있다.

고대에 신농 불임금을 붙잡았다고 하는 것은 혈연과 관계된 것으로, 신농 불임금을 잡은 사람은 그 아들 희화 주씨를 빼놓고는 생각할 수가 없다.

그래서 역사상 최초의 '父(아버지)'는 희화 주씨라고 말할 수가 있다.

'父'자에는 이처럼 아버지와 아버지의 선대 즉 두 세대가 담겨 있으므로 아버지를 알면 아들을 알 수 있고 아들을 알면 아버지를 알 수가 있게 된다.

'父'의 아버지가 그러하다면 '子'의 자식, 새끼, 열매는 어떠할까?

'子'자에 그 내용이 담겨 있다.

'子'자는 원래 '• +十'으로 되어 있으며 '•'은 아버지를 나타내고 '十'은 (아버지의) 열매, 씨앗, 자식, 새끼를 의미한다.

父(아버지 부)
'ㅣ+㐅'로 되어 있다

子(자식 자)
'• +十'으로 되어 있다

마치 '父(아버지)'에 할아버지와 아버지가 담겨 있는 것처럼 '子'에는 아버지와 그의 자식이라고 하는 두 세대가 담겨 있는 것이므로 '부자(父子)'라는 말 속에는 자연스럽게 '부자손(父子孫)'의 3대가 담겨 있게 되는 것이다.

'子'의 '자'라는 음가는 '새롭다', '시작'의 의미이며 '子'는 '자식'을 'ㅈ'의 관점에서 보겠다는 의미를 담고 있다.

③ ○□△

문자(文字)라기 보다는 '동그라미', '네모', '세모'라는 이름의 도형으로 더 잘 알려진 '○□△'은 동양의 철학이나 역사, 문화에서는 보통 '천지인'적 셋의 관계를 나타내는 상징도형으로 인식되며 '원방각'이라는 이름으로 부른다.

'원방각'의 '원(○)'은 둥근 하늘을 나타내고, '방(□)'은 사방 팔방의 방위가 있는 땅을 나타내며, '각(△)'은 세 번째인 사람(만물)을 상징한다.

그래서 보통 '천원(天圓) 지방(地方) 인각(人角)'으로도 불리며 하늘과 땅과 만물을 상징하여 표현할 때 자주 등장하는데, 상징이라는 측면에서 보면 '○□△'은 이미 문자로써의 기능을 갖춘 것으로 볼 수 있지만 지금까지는 '○□△'이 문자로 사용된 사례를 찾지 못하여 문자와의 연결은 시도된 바가 없다.

하지만 명씨금문이 출토되고 금문의 내용 가운데 '○□△'의 흔적들이 여럿 발견됨으로써 '○□△'의 문자로써의 기능이 다시금 주목을 받고 있다.

명씨금문 중에는 '○□△'의 흔적과 이 '○□△'을 맨 처음 인식한 주체가 누구인지를 알 수 있는 정보가 담겨 있는데 실제로 동양의 고대에 '○□△'을 처음 창작하여 사람의 이름자로 사용한 사람은 희화 주씨와 그 자손들이었다.

특히 희화 주씨의 아들 고양씨는 모계(母癸) 칭(稱)과 혼인하여 여러 자식들을 두었는데 그 자식들 중 첫째와 둘째와 셋째의 이름을 지어주는 과정에서 '○□△'을 활용한 흔적이 발견된다. 고양씨의 세 자녀는 첫째 성축(成祝, 祝융, 成, 相)과 둘째 구축(瞿祝, 束虎, 日鬲) 려(呂)씨 그리고 셋째 계산(癸山)씨 중여(衆餘) 곤(鯀)으로, 다음은 세 아들 이름자다.

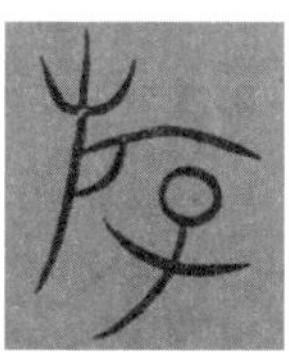

고양씨의 첫째 아들(成)
성축, 축륭, 상, 성
동그라미 하나

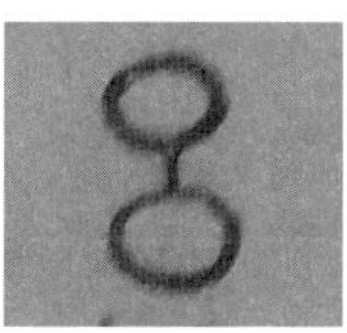

고양씨의 둘째 아들(呂)
구축, 속호, 일력, 려
동그라미 둘
(동그라미 둘이 네모 둘로 바뀜)

고양씨의 셋째 아들(山)
중여, 곤, 계산
삼각형 셋

	하늘	천	○	一 →	○	→ 成	: 첫째 성축(成祝)
• →	땅	지	□	二 →	□□	→ 呂	: 둘째 려(呂)
	만물	인	△	三 →	△△△	→ 山	: 셋째 계산(癸山)

상징으로 본 고양씨와 세 아들의 관계

뿐만 아니라 고양씨는 '•'을 이용해서 '•高陽'으로 자기 이름을 나타냈는데 '•'과 '○□△'은 하늘과 세상의 관계를 나타내는 상징으로, 우리 겨레의 고유하고도 전형적인 가치관의 표현이다.

이런 이유로 동양에서 처음 '○□△'의 도형과 의미를 사용하기 시작한 주체가 바로 고양씨와 그 자식들일 것으로 생각한다.

다음은 고양 임금의 이름자가 표현된 명문(銘文)이다.

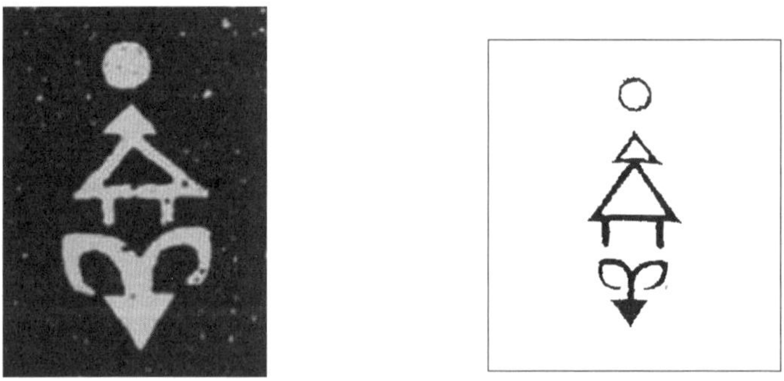

'•高陽'으로 표기된 고양씨의 명문(銘文)

高陽씨 앞에 표시된 '•'이 고양씨를 '전욱(顓頊)'이란 별호로 부르는 배경일 것으로 생각하며 '전욱'은 바른 구슬(•)이라는 의미의 '정옥'이 잘못 전해진 것일 것으로 생각한다.

명문(銘文) '• 高陽'의 발견은 우리에게는 특별한 의미가 있다.

'•'과 '○□△'은 우리 한자의 기초 14자의 논리 체계와 100% 일치하기 때문이다.

이것은 고양 임금과 그 자식들 시대에 '•'과 '○□△'을 포함하여 한자의 기초 14자가 완성되었음을 강력하게 시사한다.

④ △과 ▽

'△'은 고대로부터 하늘과 땅과 만물의 상징인 '○□△'의 세 번째 도형 외에 독창적인 문자로써의 또 하나의 기능을 가지고 있다.

한자에서 '△'은 '셋의 합'이라는 의미와 '집'이라는 음가를 갖는다.

'△'을 '셋의 합'으로 보았다는 것은 '△'을 구성하는 세 변이 각각 다른 의미를 지닌 것들이라는 의미이며 그 의미 탐구에 참고할 것은 명씨 금문에서 '△'은 희화 주씨의 이름자로 확인된다는 것이다.

'집'이란 음가 또한 '셋의 합'이 혈연공동체와 관계가 있으리라는 것을 암시한다.

그렇다면 희화 주씨와 혈연공동체로써 '집'을 구성하는 다른 둘은 누구일까?를 생각할 필요가 있고 신농씨와 희화 주씨가 부자(父子)의 관계에 있으므로 '부자와 관련하여 또 다른 하나'를 생각할 필요가 있는데 적절한 인물로는 신농씨의 딸이며 희화 주씨의 여동생인 뉘조(累祖)를 들지 않을 수 없다.

한국인이 전통적으로 자기가 사는 곳을 일컬어 '집'으로 부르는 데에는 이처럼 신농 불임금 집안의 혈연공동체가 그 배경이라는 것을 알 수 있다.

한편, 희화 주씨가 '△'을 자기 이름자로 사용한 이래 희화 주씨의 아들과 사위의 이름자에서 '△'의 사용 흔적이 발견된다.

다만, 아버지의 이름자를 이용하여 자식의 이름자를 만드는 경우에는 아버지의 이름자를 좌우로 뒤집어서 사용하며 사위의 이름자를 만드는 경우에는 상하로 뒤집어 사용하였다.

고양씨의 이름자 '高'의 옛 글자에서 삼각형이 두 개인 것은 희화 주씨에 이어 두 번째라는 의미이기도 하거니와 '△'의 경우 좌우로 뒤집어도 모양이 같으므로 개수를 더해서 두 개의 '△'으로 고양씨의 이름자를 나타낸 것이다.

高(높을 고)의 옛 글자
희화 주씨의 아들 고양의 高

山(뫼 산)의 옛 글자
희화 주씨의 손자 계산씨의 山

* 희화 주씨 직계(아들과 손자)

△ → △△ → △△△
희화 고양 계산

* 희화 주씨의 사위

△ → ▽
희화 소호금천씨

한편, 소호 금천씨는 장인인 희화 주씨의 이름자 '△'을 가져다가 상하로 뒤집어 '▽'을 만들고 자기 이름자로 썼으며 아들을 낳아 자기 이름자 '▽'에 '十(子)'을 더해 '辛'을 만들었으며 계속해서 손자를 낳아 아들의 이름자에 '一'을 더해 '辛'으로 이름을 지어주었다. 소호금천씨의 아들은 교극이고 교극의 아들은 제곡 고신이다.

* 소호금천씨와 아들 교극 그리고 손자 고신씨

▽	→	▽+十	→	一+▽+十(辛)
소호		교극(辛)		고신(辛)
父		子		孫

소호금천씨가 희화 주씨의 이름자를 계승(△→▽)한 사실은 '辛(매울 신)'의 옛 글자에서 다시 확인할 수 있다.

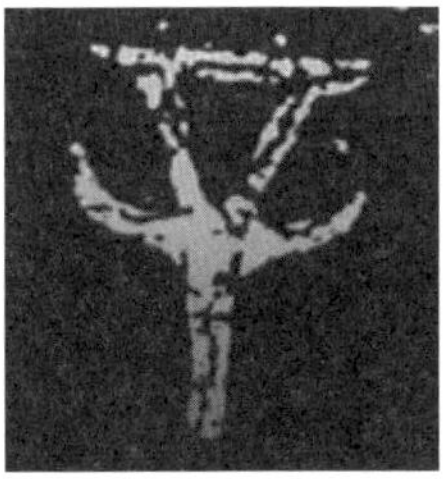

소호금천씨의 아들
교극의 이름자(辛)
윗 부분에 ▽의 흔적이 보인다

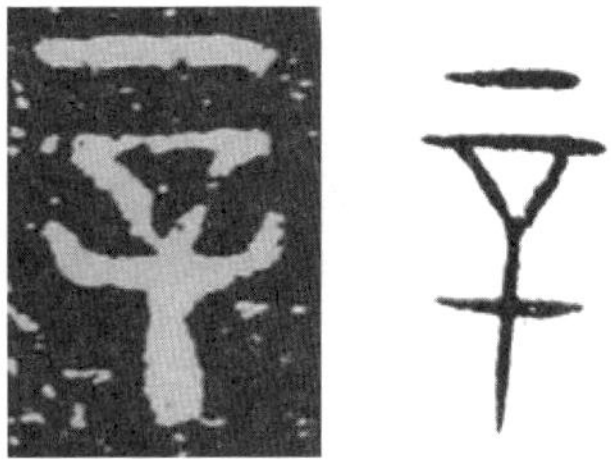

교극의 아들
제곡 고신의 이름자(辛)
윗 부분에 一▽의 흔적이 보인다

이렇듯 명문(銘文) '△'의 쓰임을 추적하면 희화 주씨를 둘러싼 인물들의 혈연관계를 알아낼 수가 있다.

⑤ 누에

신농계 혈연공동체의 작명에 반영된 규칙은 당시의 여성들에게도 그대로 적용되었다.

당시로써 작명에 등장하는 여성은 세 분으로 확인되는데, 왜 세 분인가? 라고 의아하게 생각할 수도 있는데 이는 우리 겨레 전통의 '셋'의 철학, 인식과 관련이 있는 것으로 보인다.

'천지인'적 사고에서는 '셋이면 충분하다'는 인식이 보편적이기 때문이다.

한편, 누에의 등장은 인류의 문명 시기 '옷'의 출현을 가늠할 수 있는 단서가 되기도 한다.

누에를 길러 고치에서 실을 뽑고 베를 짜서 옷을 만들어 입었을 것으로 여겨지기 때문이다.

우리 호칭 가운데 누이, 누님 등이 '누에'로부터 비롯된 것으로 보기도 한다.

과거 어느 시기 우리 누님들이 누에를 길러 실을 뽑고 베를 짜서 옷을 만들어 입혔던 우리의 역사를 상상하게 된다.

아래 명문들은 누에로 표시된 우리 누님(?)들의 이름자다.

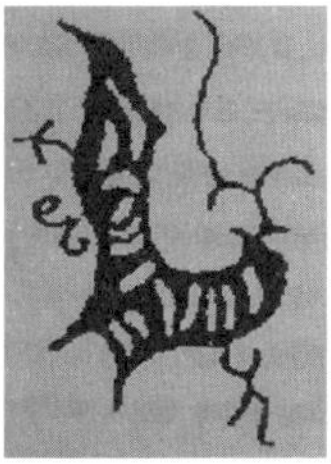

→

→

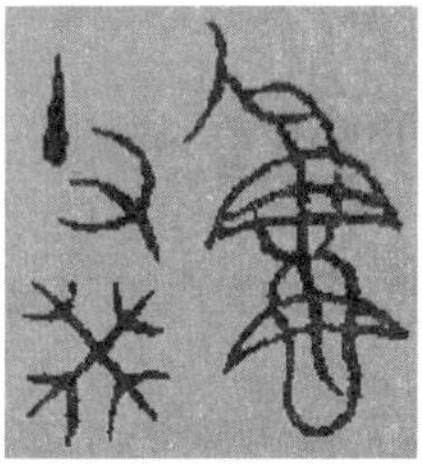

뉘조(累祖)
신농 불임금의 딸
역사상 첫 번째 여자
누에의 모습

상아(嫦娥)
황제의 딸
희화주씨의 부인, 달님
알 낳는 누에

간적(簡狄)
중여 곤의 딸
제곡 고신의 부인
고치에서 나오는 누에

⑥ 눈(目)

고대 조선인들의 눈에 대한 인식을 엿볼 수 있는 단서가 고문자에 남아있다.

조선의 고양 임금은 여러 명의 자녀들을 두었는데 아들들이 장성하여 벼슬길에 나서게 되자 '눈'을 이용해서 각기 이름을 지어주었다.

첫째 아들은 눈 하나를 이용하여 '相'으로, 둘째 아들은 두 개의 눈을 이용하여 '瞿'로, 셋째 아들은 점을 3개 찍고 그 밑에 눈을 하나 그림으로써 '衆'으로 나타냈으며 네 번째 아들에게는 '나머지 눈'이라는 뜻에서 '여목(餘目)'으로 이름을 지어 주었다. '천지인'적 사고에서는 '셋'이면 충분한데 셋을 넘어섰으므로 '나머지'라는 의미로 이름을 지어주었던 것이다.

그렇다면 장성한 아들에게 '눈'을 이용해서 이름을 지어준 의도는 무엇일까?

이러한 생각과 그 답을 찾아내는 과정이 이 공부의 재미라고 생각되는데, 이름자(相, 瞿, 衆, 監)의 출현 배경이 '벼슬'이므로 이 문자들과 관련해서는 먼저 '벼슬아치'의 존재 이유를 생각해야 한다.

벼슬아치란 임명권자를 대신해서 백성들의 삶을 속속들이 살펴보고 이를 있는 그대로 임명권자에게 전달함으로써 바른 정책의 결정에 기여하는 사람으로, 벼슬아치는 임금을 대신해서 백성을 보살피는 눈과 같은 사람이라고 할 수 있고 임명권자는 벼슬아치의 눈을 통해 백성들의 실상을 파악하여 적절한 정책을 펼치게 되므로 임명권자의 바른 판단을 위해서는 벼슬아치들의 있는 그대로의 전달이 중요하게 된다.

이러한 배경을 이해해야 '相(서로 상)'자의 '서로'라는 풀이는 '보살피는 사람과 보살핌을 받는 사람의 상호관계'를 일컫는 것이며, 백성들의 실상을 있는 그대로 전달해야 하는 벼슬아치로써의 보살피는 마음을 의미한다는 것을 알 수 있게 된다.

'눈(目)'으로 벼슬아치를 나타낸 배경에는 이처럼 고대 조선 왕실의 '백성을 보살피는 마음' 즉 하늘 백성을 다 살려내야(治) 한다는 하늘겨레의 하늘 사상이 자리하고 있다는 것을 알 수 있다.

고양씨의 첫째 아들
성축, 축륭, 成
첫째 눈

고양씨의 둘째 아들
구축, 일력, 속호, 몸씨
둘째 눈

고양씨의 셋째 아들
중여, 계산씨 곤
셋째 눈

고양씨의 넷째 아들
사방책봉(四方冊封)씨
亞자 안의 윗부분
'余'자 밑에 눈(目)이 보인다
'나머지 눈'이라는 의미의 '余目'이다

'相'자의 쓰임 중에 '수상(首相)', '재상(宰相)', '영상(領相)', '좌상(左相)' 등 특히 벼슬을 나타내는 경우가 많은데 이것은 '相'자를 처음 만들 때 벼슬길에 나서는 아들을 염두에 두고 지어준 이름이기 때문이다.

그리고 '눈'이 벼슬아치와 관련이 있다는 사실은 '臣(신하 신)'자에서 다시 확인 된다.

'臣'자는 눈의 옆모습을 이용해서 만든 문자다.

'신하'를 '눈'을 이용해서 나타낸 것은 '相'자에서 살펴본 바와 같이 임금을 대신해서 백성을 보살핀다는 의미라고 할 수 있으므로 우리는 관리, 신하, 공직자, 공복 등에 대한 바람직한 의식이나 가치관에 대해서도 이야기할 수가 있게 된다.

임명권자의 정확한 판단과 결정을 위해 마치 임명권자가 직접 눈앞에서 보는 것처럼 백성들의 살림살이를 있는 그대로 보여주는 눈이 되겠다는 다짐이야말로 '신하'된 사람들의 자세여야 한다고 할 수 있다.

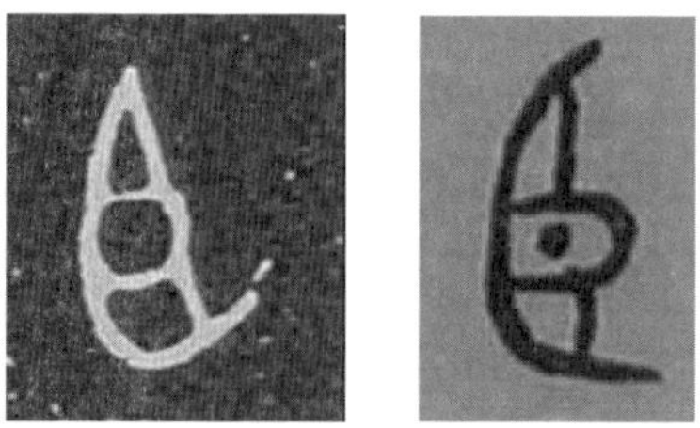

臣(신하 신)의 옛 글자. 눈의 옆 모습이다.

⑦ 깃발(㫃)

고대 조선의 명문(銘文)과 관련하여 거론할 수 있는 중요한 소재 가운데에는 '깃발'도 있다.

깃발과 관련된 문자는 여럿이지만 그중에서도 '㫃(깃발이 나부끼는 모양 언)'자는 문명의 초기에 등장하는 깃발의 원초적 의미와 깃발을 사용한 주체들의 자취를 포함하고 있으므로 우리는 '㫃'자를 통해 고대 조선 왕실이 어떻게 구성되었는지를 알 수도 있다.

'㫃'자는 동양 문명의 초기에 등장하는 신농계와 황제계 두 종족간 결혼 동맹의 산물이다.

신농계와 황제계는 두 종족간 더 이상의 다툼을 그치고 평화롭게 지내기 위해 결혼동맹을 맺기로 약속하고 신농계의 젊은 총각 고양(高陽)과 황제계의 아리따운 처녀 칭(稱)의 혼례를 치루게 되었다.

이 과정을 문자로 나타낸 것이 바로 '㫃'자다.

'㫃'자는 신농계 족표인 '屮'과 황제계 족표인 'ㄹ'을 결합하여 만든 것으로, 동양 역사상 최초 두 세력간 정치적 화합의 징표라고 할 수 있다.

'㫃'의 옛 모습
삼지창 모양의 '屮'과 'ㄹ'의 결합한 모습이다.

고양과 칭의 결합으로 이 가정에서는 2세들이 태어났으며 '㫃'자는 다시 2세들의 이름을 짓는데 사용이 된다.

'成'은 고양의 첫째 아들의 이름자로, 아래 덧붙인 '成'의 옛 글자에서 '㫃'의 자취를 확인할 수가 있다. '成(이룰 성)'의 '이루다'라는 의미는 '결혼동맹이 마침내 결실을 거두었다' 즉 '성공(成功)했다'는 의미다.

'旅'는 고양의 둘째 아들의 이름자로, 아래 '旅'의 옛 글자에서 '㫃' 의 자취를 확인할 수가 있다. 깃발 아래 들어 있는 두 사람(亻亻)은 '두 번째'를 나타낸다.

'旅(군사 려)'자는 지금은 '여행', '집단', '무리' 등을 나타내는데, 이는 명절날 자녀들을 데리고 큰 집으로 차례를 지내기 위해 이동하는 작은 집 가족들을 생각하면 쉽게 이해할 수가 있다.

'㫃'자 아래 세 사람이 들어있는 아래 옛 글자는 '族(겨레 족)'으로 추측되는데 깃발 아래 세 사람은 고양 임금의 세 번째 아들을 나타낸다. 우리 전통의 천지인적 가치관에서 셋은 곧 여럿이므로 '무리'라는 의미이며 '族'의 '矢(화살 시)'는 살붙이로써 '겨레'를 나타낸다. 고양 임금의 셋째 아들은 '곤(鯀)'으로 더 널리 알려진 계산(癸山)씨 중여(衆餘)다.

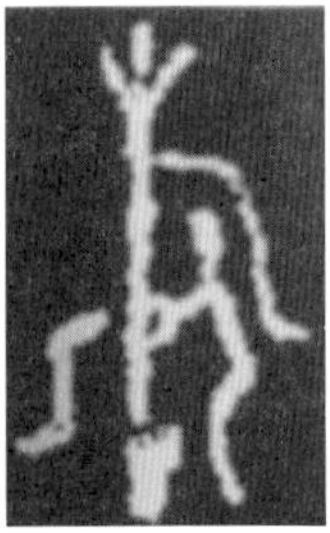

成, 成祝
고양씨의 첫째 아들
깃발을 든 한사람

旅, 呂, 禮
고양씨의 둘째 아들
깃발 아래 두 사람

旅, 族
고양씨의 셋째 아들
깃발 아래 세 사람

'깃발나부낄 언'으로 풀이되는 '㫃'자를 통해서는 이처럼 만들어진 배경과 이 글자를 만든 주인공이 누구인지를 알 수도 있는데 '㫃'자를 이용해서 지어준 자녀들의 이름에 '하나와 둘과 셋', '첫째와 둘째와 셋째' 등 '천지인'적 사고의 흔적이 보이는 것을 주목할 필요가 있다.

특히 이러한 특징이 고양 임금과 그 자녀들의 시기에 집중된다는 것은 우리 민족사와 관련해서도 매우 중요한 점을 시사한다.

이것은 동양 문명의 초기 하나와 둘과 셋에 대한 인식 체계 즉 세계관을 수립한 주체들이 고양 임금으로 상징되는 신농계 혈연집단이라는 사실과 이들에 의해 '숫자'가 만들어졌다는 것을 강력하게 뒷받침하기 때문이다.

이상으로 '丨', '父子', '○□△', '△과 ▽', '누에', '눈', '깃발' 등 사례를 들어 고대 조선인들의 사고방식이나 의식체계, 세계관에 대해서 살펴보았는데, 인상적인 것은 이들 문자를 남긴 주체들이 이미 하나와 둘과 셋에 대한 각별한 인식을 가지고 있었다는 것이다.

'하나와 둘과 셋'은 단순히 하나와 둘과 셋에 그치는 것이 아니라 이들이 숫자를 창안한 주체들일 가능성을 말해주는 것으로 만일 신농계 고양 임금 이전에 숫자의 사용 흔적이 드러나지 않는다면 숫자는 신농계 고양 임금 때 만들어졌다고 주장할 수 있으며 숫자의 기원은 또 천부경의 기원과 일치하기 때문에 천부경 또한 신농계 고양 임금 때의 작품이 되기도 한다.

다시 정리하면 '천지인'적 사고방식에 입각해서 자손들의 이름자를 만든 신농계 고양 임금으로부터 '하나와 둘과 셋' 즉 '천지인'적 세계관이 형성되고 이를 바탕으로 천부경이 성립되고 천부경을 바탕으로 고대 문자(한자와 한글)가 만들어졌다고 말할 수 있다.

문자의 수효가 충분하지 못했던 초보적인 단계에서 고대 조선의 선인들이 표현하고자 했던 세계관이 있다는 것과 이 세계관을 읽어냄으로써 고대 조선에서의 삶의 철학을 확인할 수 있다면 고조선의 문자 탐구에 대한 보상은 충분하리라 생각한다.

3. 청동기 명문의 실제

1) 당우삼과병명(唐虞三戈兵銘)

청(淸)나라 말엽(1900년대 초) 하북성 청원에서는 세상을 깜짝 놀라게 할만큼 놀라운 유물이 발견되었다. 3자루의 청동제 창(칼)날로 구성된 이 유물의 표면에는 문자가 새겨져 있으며 현재 이 유물은 요녕성박물관에 소장되어 있다.

이 유물을 살펴본 『금문신고(金文新攷)』의 저자 낙빈기 선생은 요순시대에 만들어진 세 자루의 창(칼)이라는 의미에서 '당우삼과병(唐虞三戈兵)'이라 명명하였는데, '당우삼과병(唐虞三戈兵)'의 '당우(唐虞)'는 도당씨(=堯)와 우순씨(虞舜=舜) 즉 요순(堯舜)을 말하고 '삼과병(三戈兵)'은 세 자루의 창(칼)을 의미한다.

한편, '당우삼과병(唐虞三戈兵)' 세 자루의 창날 표면에는 사람의 이름으로 보이는 옛 문자가 '祖(조)', '父(부)', '兄(형)'으로 나뉘어 새겨있으므로 이 문자만을 구분하여 '당우삼과병명(唐虞三戈兵銘)'이라 부르기도 한다.

창(칼)날의 문자가 할아버지(祖), 아버지(父), 형(兄)으로 구분하여 새겨졌다는 것은 조손3대(祖孫三代)의 혈연 계보를 의미하며 청동기의 몸체에 새겨진 문자라면 청동기의 제작년대와 밀접한 시대의 인물들의 가계라는 것을 알 수 있고 청동기의 제작 연대는 탄소년대측정법에 의해 그 제작 시기를 알 수 있으므로 '당우삼과병(唐虞三戈兵)'의 출토는 단순히 고대 유물의 출토라는 일반적 의미를 능가한다고 할 수 있다.

고대에 청동을 제련할 정도의 지혜와 기술을 갖추었을 뿐 아니라 이미 문자를 창안하여 청동기에 자기 족보를 새길 만큼 세력화된 주체라면 이는 왕실 귀족 가문을 의미하며 또 청동기의 등장은 국가의 기원을 의미하기도 하므로 '당우삼과병(唐虞三戈兵)'은 사료로써의 조건이 충분하다고 할 수 있기 때문이다.

뿐만 아니라 조손 3대의 혈연 계보를 새겼으므로 이들의 이름자(문자)를 읽어낼 수만 있다면 바야흐로 1차 사료를 통한 고대 동양 역사의 주체를 찾는 일이 가능하게 되는데, '당우삼과병명(唐虞三戈兵銘)'을 검토한 낙빈기선생은 이 창(칼) 족보를 만든 사람은 마지막 형(兄) 다음의 사방책봉(四方冊封)씨의 아들 '백익(伯益)'일 것이라고 주장하셨다.

'당우삼과병명(唐虞三戈兵銘)'에 대한 이해는 고대 조선의 실체를 파악하는데 결정적인 지표가 되므로 낙빈기 선생의 『금문신고(金文新攷)』〈병명집(兵銘集)〉에 실린 '당우삼과병(唐虞三戈兵)'의 모양을 여기에 옮겨 소개하기로 한다.

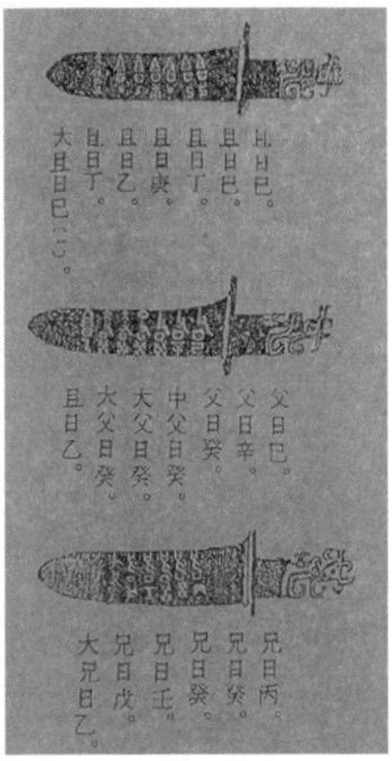

大祖日巳 祖日丁 祖日乙 祖日庚 祖日丁 祖日巳 祖日巳

祖日乙 大父日癸 大父日癸 中父日癸 父日癸 父日辛 父日巳

大兄日乙 兄日戊 兄日壬 兄日癸 兄日癸 兄日丙

당우삼과병명(唐虞三戈兵銘)과 족보 복원

① 당우삼과병명(唐虞三戈兵銘)의 족보

〈할아버지(祖)항렬〉

'祖'자가 일관되게 쓰였으므로 '할아버지 항열'이라고 표기한다. 표기된 이름 곁에 예상되는 인물을 비정해 본다.

大祖日巳(대조일사) = 대계씨(大鷄氏), 백익의 직계 할아버지(추정)
祖日丁(조일정) = 정옥 고양(高陽)

祖日乙(조일을) = 乙의 反文(미상)
祖日庚(조일경) = 미상
祖日丁(조일정) = 정옥 고양씨의 데린님(추정)
祖日巳(조일사) = 대계씨의 데린님(추정)
祖日巳(조일사) = 대계씨의 데린님(추정)

〈아버지(父) 항렬〉

'父'자가 일관되게 쓰였으므로 '아버지 항열'이라고 표기한다. 표기된 이름 곁에 예상되는 인물을 비정해 본다.

祖日乙(조일을) = 위 祖日乙의 아들, 성축의 푸나루아 동서(추정)
大父日癸(대부일계) = 고양씨의 첫째 아들 성축(成祝), 축륭(祝融), 성(成), 상(相)
大父日癸(대부일계) = 고양씨의 둘째 아들 재(宰) 속호(束虎), 일력(日鬲), 여(旅)
中父日癸(중부일계) = 고양씨의 셋째 아들 중여(衆餘), 곤(鯀), 계산(癸山)
父日癸(부일계) = 고양씨의 넷째 아들 사방책봉(四方冊封), 백익의 아버지
父日辛(부일신) = 순임금의 아버지
父日巳(부일사) = 마한의 시조(추정)

〈형(兄) 항렬〉

'兄'자가 일관되게 쓰였으므로 '형 항열'이라고 표기한다. 표기된 이름 곁에 예상되는 인물을 비정해 본다.

大兄日乙(대형일을)= 미상
兄日戊(형일무) = 宰 束虎의 아들, 구을, 유예
兄日壬(형일임) = 宰 束虎의 둘째 아들, 유궁씨, 일임
兄日癸(형일계) = 成祝의 아들, 오회(吳回), 성(盛), 상(象)
兄日癸(형일계) = 유우씨(有虞氏) 순(舜)
兄日丙(형일병) = 미상

② 당우삼과병명(唐虞三戈兵銘)의 의의

'당우삼과병명(唐虞三戈兵銘, 편의상 '칼 족보'라 부르기도 한다)'의 출현은 동양 고대사 연구에 있어서 획기적인 사건으로 손꼽힌다.

보통 학문의 목표를 말할 때 '원래 무엇이었는가?'를 탐구하는 것으로 말하곤 하는데 동양 고대사 연구에 있어서는 사료의 부족으로 좀처럼 가닥을 잡는 것조차 어려운 실정이다.

원래 무엇이었는지를 모르는 까닭에 추측과 억측이 일어나고 확대재생산되며 호기심과 어울려 온갖 설들이 난무하던 상황에서 그야말로 '원래 무엇'이었는지를 알 수 있는 상징적인 유물이 출토되었기 때문이다.

'칼 족보'의 위력은 단순히 주요 인물의 실재를 넘어 적어도 3대에 걸친 당사자들의 혈연관계를 알 수 있을 뿐 아니라 방계 인물들의 관계를 유추할 수 있는 근거가 된다는 점에서 '당우삼과병명(唐虞三戈兵銘)'은 가히 꿈의 사료라고 할 수 있다.

칼 족보의 사료적 가치를 제대로 실감하려면 1920년대 까지만 해도 하(夏)나라를 신석기시대로, 삼황오제(三皇五帝)의 이야기는 신화전설로 보는 것이 지나 역사학의 수준이었다는 것을 떠올릴 필요가 있다.

사마천이 『사기(史記)』의 첫머리에 오제(五帝)의 이야기를 적었지만 학계에서는 이 기록조차도 사실(史實)로 받아들이지 않았다.

그러한 상황에서 동양 역사의 초기 주역들의 혈연관계를 알 수 있는 당시인들이 직접 만든 청동제 칼 족보가 등장한 것이다.

‘당우삼과병(唐虞三戈兵)’의 출토와 ‘당우삼과병명(唐虞三戈兵銘)’의 등장으로 고문자 분야 연구는 획기적 발전을 기약하게 되었으며 동양 역사는 기존 학설들에 대한 전면적인 재검토가 불가피한 국면을 맞이하게 되었다.

다음 명문들을 새롭게 해석할 수 있게 된 것도 ‘당우삼과병명(唐虞三戈兵銘)’의 등장으로 인한 결실이라고 할 수 있다.

2) 성유(盛卣)와 성부정(盛婦鼎)

아래 명문(銘文)은 『가제집고록(愙齋集古錄)』(吳大徵 著)에 실린 것으로, 지나의 학자들은 ‘성유(盛卣)’라고 부르는데, 내용 가운데 ‘○’와 ‘父癸’가 칼 족보에서도 확인됨으로써 두 사료의 교차 검증을 통해 역사 실체에 대한 구체적인 접근이 가능하게 된 대표적인 사례라고 할 수 있다.

성유(盛卣). 『가제집고록』(吳大徵 著) 18책17

명문상의 '조주(祖○)'는 칼 족보에서 할아버지 계열의 '祖日丁'(○을 지나의 학자들은 '丁'으로 보았으나 본 서에서는 '둥근 구슬'이라는 의미에서 '주'로 읽기로 한다)을 말하고 명문의 '父癸'는 칼족보에서는 네 분이 등장하는데 '盛', '成' 등의 구성요소로 보아서 고양씨의 큰 아들 대부일계(大父日癸) 성축(成祝)을 말하는 것으로 생각한다.

그렇다면 '조주(祖○)' 아래 보이는 '▽己'는 누구일까?

비교 가능한 또 다른 명문이 있어 참고가 된다.

아래 명문은 지나의 학자들이 '성부정(盛婦鼎)'이라 명명한 것으로, '성유(盛卣)'의 명문에 '婦尊'이 더해진 것인데, '성유(盛卣)'와 비교해 보면 '婦'가 등장하면서 '祖○'와 '▽己'의 상하 위치가 바뀌었다는 것을 알 수 있다.

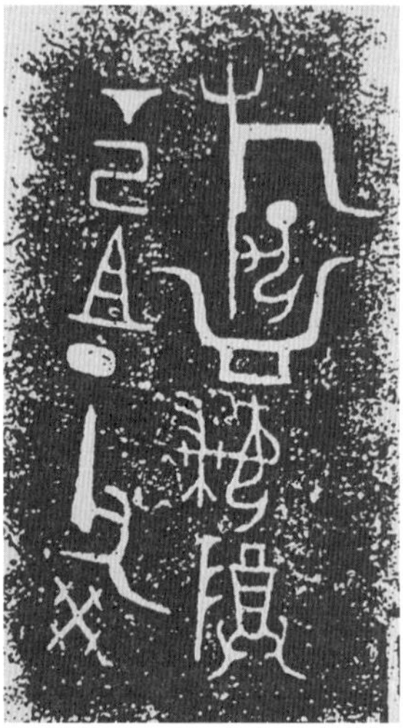

성부정(盛婦鼎). 『각재집고록(恪齋集古錄)』(吳大徵 著) 13책13

'盛'은 '成'을 제기(皿)에 담은 모양으로, 이는 '成에게 제사 지낸다'는 의미를 나타낸다.

따라서 '成'과 '盛'은 제사를 받는 아버지(成)와 제사를 지내는 아들(盛)로 부자(父子)관계라는 것을 알 수 있다.

그리고 '▽㠯'의 '▽'는 '△'을 상하로 뒤집은 것으로, 이처럼 상하를 뒤집어 이름자로 쓰는 것은 명문(銘文)에서 장인과 사위의 관계를 나타내는 중요한 지표가 된다.

따라서 '▽'는 '△→▽'가 되는데 '△'는 희화 주씨의 이름자이므로 '▽'는 희화 주씨의 사위인 소호금천씨의 이름자가 된다.

그리고 '▽㠯'의 '㠯'는 양급제 모계사회에서 작은 부인(子一級妾屬)의 소생들이 공동으로 사용하는 성씨로, '▽㠯'로 표시된 소호금천씨는 작은 부인의 자식이라는 것을 알 수도 있다.

'▽㠯'는 '盛'의 처가(妻家) 할아버지인 소호금천씨다.

칼 족보의 출현은 이처럼 다른 명문들의 기록을 읽어내는데 필요한 정보를 제공한다는 점에서 그 의의를 찾을 수 있다.

3) 병유(丙卣)

다음 두 개의 명문은 '丙卣(병유)'라 명명된 것으로 양날 청동제 호미와 발(足)을 소재로 만들어졌으며, 청동제 양날 호미는 점차 '丙'자로 발전하고 발(足)은 겨레(族)로 의미가 확장된다.

왼편의 모양은 제기의 덮개에 새겨진 모양이고 오른편의 모양은 제기의 몸체에 새겨진 것으로, 제기의 덮개와 몸체의 의미는 명문의 발가락 수와 관련이 있다.

丙卣(병유) 蓋
3개의 발가락 / 父

丙卣(병유) 器
4개의 발가락 / 子

발가락 수 '셋'과 '넷'은 수효와 순서를 나타내므로 '부자(父子)'의 혈연관계를 나타내기에도 편리하다.

숫자가 3 다음에 4이듯 혈연은 아버지 다음에 자식인 것이며 상징을 활용하면 보이지 않는 복잡한 관계도 비교적 쉽게 나타낼 수가 있는 것이다.

한편, 글자가 새겨져 있는 곳이 제사용 그릇의 덮개(蓋)인지 몸체(器)인지에 따라 덮개에는 아버지, 몸체에는 아들을 새기는 것이 명문상의 전통이므로 좌측의 발가락 셋은 아버지이며 '아버지', '셋'의 기원과 관련해서는 희화 주씨가 그 중심 인물이라고 할 수 있다. 문명의 초기 '셋', '아버지', '집' 등 용어들의 개념이 신농계 희화 주씨를 중심으로 정착되기 때문이다.

발가락 '셋'이 '희화 주씨'이고 '아버지'가 된다면 발가락 '넷'으로 표현된 희화 주씨의 아들은 자연 '고양'이 된다.

발가락 위의 청동제 호미에 대해서 낙선생은 '법도', '규율' 등의 의미라고 풀이했다. 사람이 나아가야할 바른 법도를 세운 두 사람이라는 의미다.

4) 주고양정(珠高陽鼎)과 계산궤(癸山簋)

아래 3개의 명문은 '△'의 도형을 활용한 것으로, 하나에서 둘로, 둘에서 셋으로의 수량의 변화가 눈에 보인다.

따라서 수량의 변화 의미를 읽어내면 이들 사이에 놓여있는 '관계'를 알 수도 있는데 그 시작은 '△'의 '삼합 집'이라는 풀이다.

'삼합'은 '셋의 합'을 말하는데 아래 명문들은 모두 사람의 이름자와 관련이 있으므로 어떤 이름이 '셋의 합'이란 의미를 담고 있다면 그때의 '셋'은 '세 사람'의 의미라는 것을 생각할 수 있다.

아울러 '△'의 음가가 '집'이라면 오늘 우리가 살고 있는 '집'의 의미와는 어떤 관계일지도 생각해야 하는데, 사람의 이름, 집 등의 의미를 참고한다면 맨 처음 '집'이라 부른 사람들의 생각에서 '집'은 '셋'과 '셋의 합' 즉 3대가 함께 하는 혈연공동체를 의미하는 것으로 볼 수 있다.

우리 역사의 어느 시기에 '셋'을 합해서 '집'이라 부른 사람들이 있을 것이므로 '△'의 정체를 아는 것은 매우 중요한데, '△'의 쓰임을 명문에서 살펴본 바로 '△'은 희화 주씨의 이름자다.

따라서 희화 주씨와 관련하여 3인은 아버지 신농씨, 누이 뉘조, 희화 주씨 자신을 꼽을 수 있다.

한편 고대에 이름을 지을 때 자식은 아버지의 이름자를 좌우로 뒤집어 사용하는 방식이 도입되었는데 '△'은 모양의 특성상 좌우로 뒤집어도 동일한 모습이므로 불가피하게 '△'을 두 개 사용하여 나타냈다.

두 번째 명문 고양씨의 이름자 가운데 '高'가 보이고, 세 번째 고양씨의 셋째 아들 중여 곤의 이름자 '癸山'의 '山'에 3개의 '△'이 보인다.

'△ → △△ → △△△'으로의 진행이 눈에 보이듯 그려지지 않는가!

이러한 특성으로 인해 희화 주씨와 고양씨 그리고 중여 곤(계산씨)은 조손(祖孫) 3대의 혈연관계라는 것을 알 수가 있으며 이는 칼 족보에서 다시 확인이 된다.

亼(삼합 집)에서 희화 주씨의 이름자 '△'으로 되어 있다

珠高陽鼎(주고양정)에서 • 高羊의 두 번째 高자가 두 개의 '△'으로 되어 있다

계산궤(癸山簋)에서 중여 곤의 이름 癸山 山이 세 개의 '△'으로 되어 있다

한편, 부자(父子)의 경우와 달리 장인과 사위 사이에는 장인의 이름자를 상하로 뒤집어 사위의 이름자로 사용하는 경우가 있다.

'△'이 '▽' 형태로 사용된 예는 '성유(盛卣)'와 '성부정(盛婦鼎)'에서 거듭 확인할 수가 있다. 성부정(盛婦鼎)의 좌측 맨 위에 보이는 '▽己'가 바로 그것이다.

'▽己'의 '▽'는 '△'을 상하로 뒤집은 모양으로, 이는 장인의 이름자를 이용해서 사위의 이름을 짓는 전통을 따른 것이며 앞에서 '△'이 희화 주씨의 이름자라는 사실을 소개한 바 있으며 따라서 '▽'으로 표시된 인물은 희화 주씨의 사위라는 사실을 알 수 있다.

성유(盛卣)

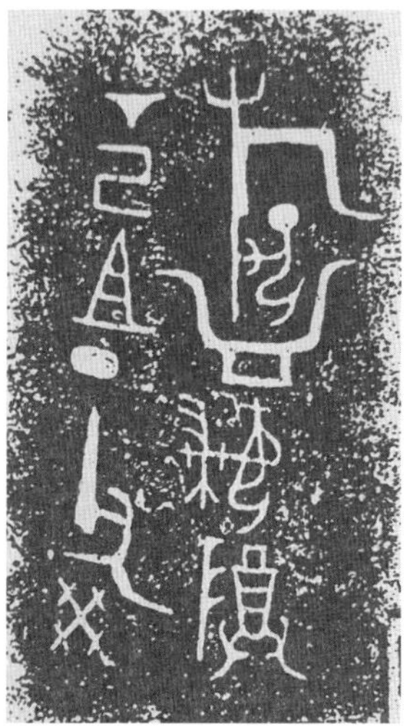
성부정(盛婦鼎)

5) 아형모계궤(亞形母癸簋)

'亞'자는 궤의 모양으로 사당의 위패를 나타낸다.

따라서 '亞'자 모양의 내부에 새겨진 이름들은 위패에 표시된 인물들로 보아도 무방하다.

아래 명문은 아(亞)자형 위패 안 첫머리에 모계(母癸)가 새겨져 있으므로 '아형모계궤(亞形母癸簋)'라 부른다.

아형모계궤(亞形母癸簋)

명문을 보면, 우측으로 모계(母癸)와 부을(阜乙)이 보이고 좌측으로 수주(受(酬)●)와 성축(成祝)이 보이는데, 모계는 수주의 부인이고 부을은 성축의 부인이다.

다른 명문에서 또 확인될 것인데, 수주(受(酬)●)는 고양씨의 이름자이고, 칼 족보에서 고양 임금의 자식들이 '日癸(일계)'라는 성으로 쓰였다는 것에서 확인할 수 있듯이 모계(母癸)는 고양 임금의 부인 모계 칭(稱)의 이름이다.

나이 어린 여자아이들을 부르는 우리 호칭 가운데 '계집애'가 있는데, '계집애'는 '계씨 집안의 아이'라고 볼 수도 있으므로 우리말 '계집애'는 아마도 고대 조선의 일계(日癸)씨들로부터 비롯되었을는지도 모른다.

아랫줄 성축(戚)과 부을(阜乙)이 또 서로 짝(부부)이다.

위패에 모신 것으로 보아서 제사와 관련되었을 것이고 위에 모셨다는 것은 할아버지(할머니), 아래에 모신 두 분은 아버지(어머니)로 볼 수 있으며 따라서 이 제기를 만든 사람은 성축의 자식이라고 볼 수 있다.

이처럼 다양한 명문을 상호 비교하고 교차 검증하면 고대에 청동제기에 이름을 남길 정도의 신분을 가진 사람들의 혈연관계를 재구성하는 것이 가능하다.

6) 상형부신정(象形祖辛鼎)과 아형부신궤(亞形父辛簋)

앞에서 이미 설명한 바가 있지만, '▽'자가 인명의 표시라는 사실은 이어지는 다음 문자들을 통해서 다시금 확인할 수가 있다.

아래 두 개의 명문은 '辛'자의 맨 처음 모습이다.

윗 부분에 '▽'의 모습이 보이고 아랫 부분은 마치 '子'자의 모양을 닮았다.

'▽'을 이름자로 쓴 아버지의 이름자를 이용해서 좌우로 바꾸어 이름자를 만들어야 하는데 '▽'은 좌우로 바꾸어도 모양이 같으므로 '자식(子)'의 의미를 나타내기 위해 '▽+子'를 만들어 소호금천씨의 아들 교극의 이름자로 썼다.

교극이 다시 장성하여 자식을 낳아 이름을 짓게 되는데 '▽+子'자를 좌우로 뒤집어도 모양이 같으므로 '▽'의 윗 부분에 '一'을 하나 더해서 구분했다.

아래 명문은 교극과 제곡 고신씨의 이름자 '辛'의 처음 모습이다.

'辛'의 기원은 그래서 '△→▽→辛'으로, 일련의 과정을 망라하여 설명할 수 밖에 없다.

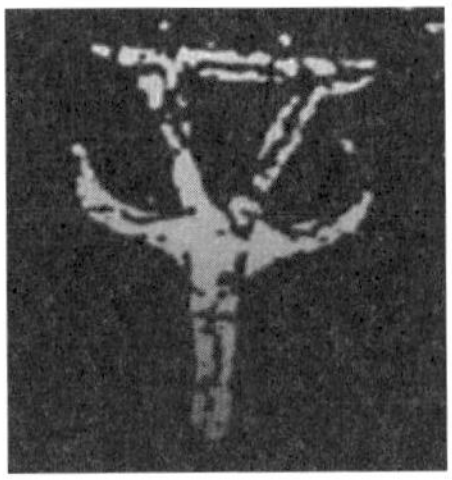

辛(매울 신)의 옛 글자
고신씨의 아버지 교극의 이름자

辛(매울 신)의 옛 글자
고신씨의 이름자

'△'에서 '▽'으로, '▽'에서 다시 '辛'으로의 일련의 변하는 과정을 읽어냄으로써 희화 주씨와 소호금천씨의 관계, 소호금천씨와 교극 그리고 고신의 혈연관계 등 실체에 접근할 수 있다는 것은 명문 공부만의 자랑이라 할 수 있다.

象形祖辛鼎(상형조신정)
교극의 辛자가 보인다
《가재집고록》 7책

亞形父辛簋(아형부신궤)
고신의 辛자가 선명한 명문이다.
《가재집고록》 7책

7) 부기유(父己卣)

父己卣(부기유)의 다음 두 명문에서는 아랫부분의 '父己'를 주목할 필요가 있다.

'父己'는 일종의 서명(署名)으로, 윗 부분 두 사람의 이름을 지어주고 아래에 신분을 드러내 서명함으로써 이들 간 혈연관계를 파악할 수 있는 중요한 단서가 된다.

특히 '父己'에서 '父'가 서명한 사람의 신분, 위상을 나타내므로 이름을 지어 준 사람과 이름을 받은 사람의 관계를 알 수가 있는 것이다.

소호금천씨가 큰 사위인
희화 주씨에게 지어준 이름자
두 손으로 '舟'를 받든다는 의미
덮개에 새겨져 있다

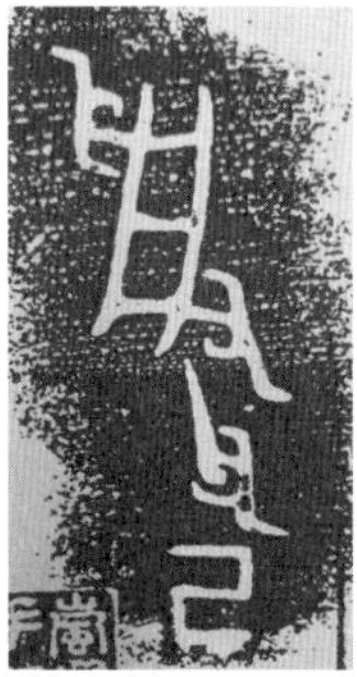

소호금천씨가 작은 사위인
고양씨에게 지어준 이름자
酬(잔돌릴 수)자의 의미
몸체에 새겨져 있다

위 명문에서 서명한 '父己(부기)'는 '아버지 己'의 의미로, '己'는 소호금천(少皞金天)씨를 지칭한다.

사서에서 소호금천씨를 일컬어 '사씨지조(巳氏之祖)'라 칭하기도 하는데 이는 고대 양급제 모계(punalua)사회 하에서 작은 부인의 자식이라는 의미다.

양급제 모계사회에서는 두 명의 여자와 두 명의 남자가 짝을 이루어 혼인하게 되는데 두 부인 가운데 큰 부인을 '모일급처속(母一級妻屬)'이라 하고 작은 부인을 '자일급첩속(子一級妾屬)'이라 한다. 보통 어머니의 성은 큰 부인의 자녀들이 가질 수 있고 작은 부인의 자식들은 그들이 사용하는 성씨가 따로 정해져 있었다. 이것을 '자성(子姓)'이라 하는데 乙, 巳, 己, 子, 似, 辛, 姬, 摯 등이 자성에 속한다.

따라서 '父己(부기)'로부터는, 소호금천씨가 아버지 황제 헌원의 작은 부인이 낳은 자식이며 이름이 '己'이고 위상은 '父(아버지)'인데 여기서 '아버지'는 장인(丈人)을 의미한다는 것을 알 수가 있다.

그러니까 소호금천씨가 희화 주씨와 고양씨 두 명의 사위를 맞아 각각 이름을 지어준 흔적이 위에 소개한 명문인 것이다.

앞서 '△→▽'를 설명하면서 소호금천씨는 희화 주씨의 사위라고 설명했는데 이번에는 희화주씨가 소호금천씨의 사위라고 하니 혼란스러울 수도 있다.

그러나 당시는 이처럼 두 집안이 서로 교차해서 혼인을 하던 시절이었으며 특히 양급제(punalua) 모계사회의 전통에 따라 두 명의 남자와 두 명의 여자가 한 가정을 이루던 시절이었으므로 이처럼 부자(父子)가 동시에 사위가 되는 일이 자연스러운 현상이었던 것이다.

희화 주씨와 고양씨의 표시에서 두 손으로 받들거나 한 손이 주고 다른 한 손이 받는 사다리 모양은 제사에 올리는 술잔의 모양으로, 이 모양은 'ㅣ'에서 변하여 마침내 '舟'자가 되는 과정을 보여주는데 특히 고양씨의 이름자에 등장하는 '舟'는 우리로써는 신중하게 보아야 한다.

왜냐하면 '조선(朝鮮)'의 국호 '朝'에서 '月'이 옛 글자에서는 '舟'로 되어 있기 때문이다.

'朝'의 옛 글자를 보면, '朝'는 '倝+舟'로 되어 있으며 풀이하면 '아침 해 뜰 때 사당으로 가서(倝)에서 술잔을 올리는 사람이 고양씨(舟)'라는 의미이므로, '조선(朝鮮)'의 종묘사직(宗廟社稷)이 고양(高陽) 임금으로부터 시작된다는 것을 말해주는 강력한 증거라고 할 수 있다.

'조선(朝鮮)'의 '朝'는 또 우리가 흔히 부르는 '왕조(王朝)'라는 말의 바탕이 되기도 한다. 인류 역사상 우리의 '조선(朝鮮)'을 전제로 '왕조(王朝)'라는 말이 만들어진다는 것이므로 고대 조선의 위상이 어떠했는지를 짐작할 수 있다.

조선(朝鮮)의 국호 朝의 옛 글자. 舟의 흔적이 보인다.
조선이 고양 임금과 특별한 관계에 있다는 것을 암시한다.

8) 아형모계궤(亞形母癸簋)의 成과 성부정(盛婦鼎)의 盛

아래 명문은 '成'과 '盛'의 시원자인데, 소재는 깃발과 사람 그리고 그릇으로, 두 글자의 차이는 '그릇(皿)'의 유무다.

그리고 사람을 담은 그릇은 '제기(祭器)'를 의미한다. 따라서 그릇 안의 사람은 제사를 받는 사람 즉 돌아가신 아버지를 나타내고 제기로 표시된 인물은 제사를 드리는 사람 즉 아들을 나타낸다.

세상에서 제사의 제주는 언제나 '아들'이 된다.

명문에서의 깃발은 신농계와 황제계의 결혼동맹의 상징이고 깃발을 잡은 사내는 결혼동맹의 결과로 태어난 성축, 축륭이며 그릇으로 표시된 인물은 제사를 올리는 아들로써 성축의 아들 성(盛) 오회(吳回)다.

오회(吳回)는 우리 역사에서 '기후(奇侯)'라고 하는 인물이다.

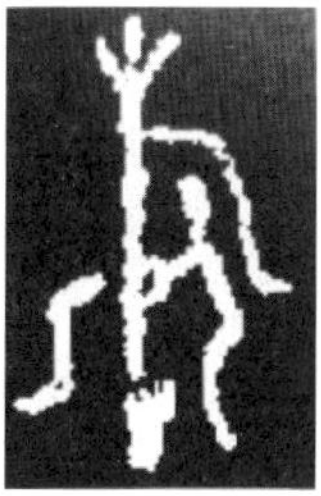

아버지 成
고양씨의 큰아들 성축

아버지 成의 제사를 지내는
성축의 아들 오회(吳回)

9) 형계유(兄癸卣)

선배 학자들이 '형계유(兄癸卣)'라 명명한 다음 문장은 역사 기년이 표기된 최초의 문장이라 할 수 있다.

비록 간지의 표현은 사용되지 않았지만 문장 첫머리의 '• 子王'과 말미의 '九祀 九月 三十日'의 기록이 있으므로 이로부터 위 문장은 제곡 고신 임금 재위 9년(bc2412년) 기유년(己酉年) 9월 30일에 제작된 청동기 명문으로 추정되기도 한다.

기년을 알 수 있는 문장으로는 첫 손에 꼽을 수 있는 것이므로 소개하기로 한다.

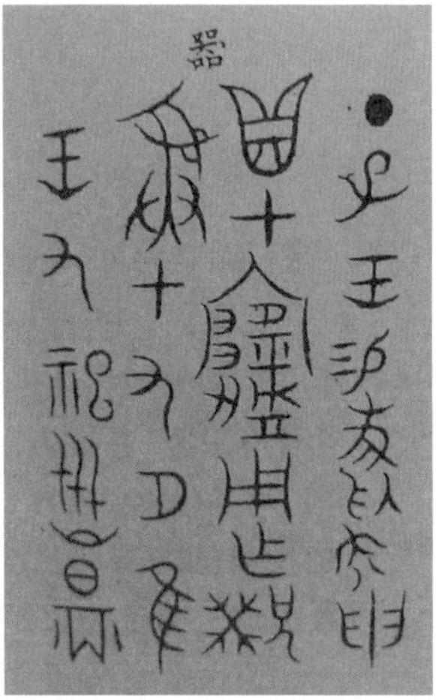

형계유(兄癸卣)(몸체)

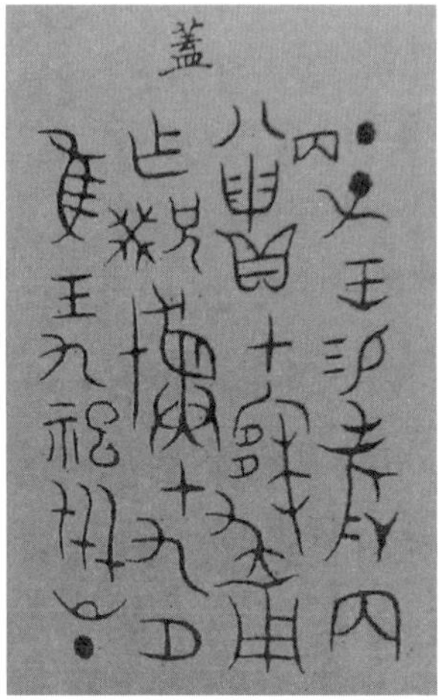

형계유(兄癸卣)(덮개)

'형계유(兄癸卣)' 명문은 위에 소개한 것처럼 두 문장이 짝을 이루고 있다.

제기는 보통 몸체(器)와 덮개(蓋)로 구분되는데 청동 제기에 글을 새길 경우 덮개에는 아버지를, 몸체에는 아들의 이름을 새김으로써 혈연의 위계를 나타냈다.

'형계유(兄癸卣)'에서 보면, 몸체(器)의 명문 뒷 부분에는 일력(日鬲)이 보이고 덮개(蓋)의 명문에서는 '•'가 보이는데 이 경우 '•'를 '日鬲'의 아버지로 보기도 한다.

내용은 대체로 같다.

먼저 '蓋(덮개)' 즉 뚜껑에 새겨진 명문을 보면,

〈명문〉

•子王賜(給)虎鉏鑄貝在寒 用作兄癸彝
在九月 鳥王九祀三十日 •

〈풀이〉

알자왕이 寒에서 주호(속호)에게 주패를 주었다.
그래서 형계(성축)의 제사에 쓰일 제기를 만들었다.
새왕 9년 9월 30일. •

〈참고〉

* •子王은 고양 임금의 사위가 되는 고신(高辛)씨다
* 虎는 속호(束虎) 여(呂)를 말한다
* 형계(兄癸)는 속호씨의 형 성축, 축륭씨로, 칼 족보에서는 '대부일계(大父日癸)'로 표현되었다.
* 鳥王은 우리말로 읽어 '새왕' 즉 '새로 임금의 자리에 오른 왕'의 의미다.
* • 을 낙선생은 '만들 주(鑄)'로 읽었다.

몸체(器)에 새겨진 명문을 보면,

〈명문〉

•子王給 ㅇㅇ內鑄貝在 ㅇ 用作兄癸彝
在九月 鳥王九祀三十日
日鬲

〈풀이〉

알자왕이 주신 돈으로 형님 제사에 쓰일 제기를 만들었다.
새임금의 9년 9월 30일에 있었던 일이다.
일력(日鬲)

〈참고〉

* 내용은 덮개의 내용과 동일하다. 다만 차이라면 덮개에는 '•'로 서명하고 몸체에는 '일력(日鬲)'으로 서명했다는 것이다.

두 문장의 내용은 동일하다.

다만 맨 마지막 마치 서명처럼 표기된 한 군데 글자가 서로 다르다는 것이 눈에 띈다.

위 두 명문의 차이는 문장의 맨 뒤에 위치한 인물의 이름자인 '日鬲'과 '•'의 차이다.

그러니까 속호(束虎) '日鬲'이 고신 임금으로부터 돈을 받아서 형인 대부일계씨의 사당에 쓰일 제기를 만들었다는 것이 주요 내용인데 또 '日鬲'의 아버지가 '•'라는 사실을 표기한 것이다.

몸통에 새겨진 '日鬲'은 삼황오제 가운데 '정옥 고양씨'의 둘째 아들 속호(宰 束虎) 구축 려씨를 나타내고 '•'은 '알고양(•高羊)'으로 표현된 고양 임금의 상징이다.

한편, 고양씨의 상징인 '•'을 근거로 고양씨의 별호 '전욱(顓頊)'이 '정옥(正玉)'의 잘못 전해진 것으로 보기도 한다.

삼황오제 가운데 오제(五帝)의 첫머리에 꼽는 역사적 인물의 별호 '전욱(顓頊)'의 풀이가 민망스럽게도 '오로지 전', '어리석을 우'다.

어딘가 사심이 개입된 듯 여겨지기도 하는 '전욱'은 '•'의 '바른 구슬'이라는 표현의 '정옥'으로 바로잡아야 한다는 것이 고문자학 연구자들의 견해다.

그래서 본서에서는 '전욱' 대신 '정옥'을 쓰기로 한다.

10) 중여준(衆餘尊)

오늘 우리가 5천년 전 bc2411년 당시의 기록을 읽고 확인할 수 있는 것은 순전히 『금문신고(金文新攷)』를 저술하신 낙빈기(駱賓基) 선생의 공로라 할 수 있다.

이제 소개할 중여준(衆餘尊)의 내용 또한 낙선생의 풀이에 기반한 것이다.

'중여준(衆餘尊)'이란 내용 중에 '중여(衆餘)'라는 사람의 이름이 보이므로 이 이름을 따서 '중여준'이라 하였다. 제기(祭器)의 여러 종류 가운데 '尊'은 술을 담는 큰 그릇(도가니)의 이름이다.

중여준(衆艅尊)

문장에 '衆艅'라는 이름자가 보이므로 중여준(衆艅尊)이라 한다.

준(尊)은 술두르미를 나타낸다.

이제 내용을 옮겨서 보기로 한다.

〈명문〉

「珠子王相(享)柱祖(祠)
王給(賜)衆餘珠貝
鷹王來足(祝)人方鷹
王十祀又(有)五(月)五日」

〈참고〉

1) 珠子王은 '●子王'을 풀이한 것으로, 직역하면 '●'의 자식(子)이 되는 왕(王)이 되며 고대 조선의 정서를 반영하면 '●의 사위(子)가 되는 왕(王)'이 되는데, '●'은 고양 임금의 상징이므로 '●子王'은 고양 임금의 사위이며 왕이 된 제곡 고신씨를 일컫는다.
   한편, '●子王'은 우리말 '알짜배기', '알짜' 등을 연상케 하며 역대 여러 왕 가운데 새로 왕이 된 현재의 '왕'이란 의미로 볼 수도 있다.
   우리말 '새'의 의미가 살아있음을 확인할 수 있다.
2) 相(서로 상)은 '보살피다'라는 의미가 있는데 여기에서는 '제사드린다'는 뜻의 '享(누릴 향)'과 같은 의미로 본다.
3) 낙선생의 해석에 의지해서 우측 첫째 줄 아래에서 두 번째 모양은 희화 주씨의 이름자로 '柱(기둥 주)'로 읽는다.
   윗부분은 두 뿔이 있는 양의 머리 옆모습으로, 아버지 신농씨의 토템을 나타내며 그 아래로 '人'자와 糸 그리고 맨 아래 발모양(夕)이 보이는데, '系(이을 계)'는 옆구리에 찬 돈 꾸러미로 희화 주씨 때 이미 화폐가 만들어졌으며 희화 주씨가 화폐의 유통을 담당했음을 의미하며 맨 아래 '발'은 '족(足=族)'으로 희화 주씨에 이르러 '겨레'의 최초 단위가 구성되었음을 암시한다.
4) 맨 아래 지붕이 있는 모양은 사당(祠堂)을 나타낸다.
5) 둘째 줄의 衆餘(중여)는 계산씨 곤의 이름자다. 곤은 고양씨의 셋째 아들이며 희화 주씨의 손자다.
6) 셋째 줄의 人方은, 두 종족이 교차해서 제위에 올랐으므로 신농계가 임금이 되었을 때는 신농씨 자손들이 거주하는 지역이 신방이 되고 황제계가 임금이 되었을 때는 신농씨 자손들이 거주하는 지역은 인방(人方)이 된다.

7) 셋째 줄의 鷹王(응왕)은 우리말로 읽어 '새왕'이 되기도 한다.
'새왕'이란 매를 토템으로 하는 왕도 되고 '새로운(new)'의 의미가 되기도 한다.
8) '十祀'는 '십년'을 의미한다. 종묘 제례는 1년에 1번 지내는 것이 보통이었으므로 '十祀'는 '십년'으로 셈한다. 따라서 제곡 고신 임금 10년째 되는 해를 찾아야 하는데, 간지를 재구성해보면 제곡 10년은 bc2411년 경술년(庚戌年)이 된다.
9) 5월 5일은 우리 절기에서 '단오(端午)'에 해당한다. 우리의 전통 단오절과 중여준의 5월 5일은 어떤 관계가 있지는 연구가 필요하다.

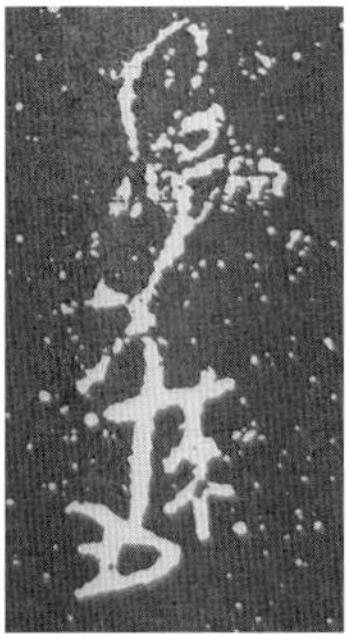

명문에 나타난 희화 주씨의 이름자(柱)
머리 두 뿔은 양(羊)의 머리에 있는 두 뿔,
눈은 양의 머리 옆모습
허리의 系는 돈 꾸러미
맨 아래 발(足)은 겨레의 의미

따라서 중여준의 내용을 통해서 당시의 상황을 다음과 같이 재구성해 볼 수가 있다.

「bc2411년 경술년에 알자왕이 희화 주씨를 모신 사당에 와서 축을 올렸다.

이때 왕이 희화 주씨 사당의 제주인 중여에게 희화 씨 때에 유통하던 돈을 주었다. 새 왕이 희화 주씨 사당이 있는 인방에 와서 축을 올린 것은 새 왕 10년 5월 5일이었다」

중여준의 내용을 통해서는 문자가 단순히 대상을 표현하는 정도를 넘어 이미 사료의 영역에 도달해 있음을 알 수가 있다.

'알자왕', '중여'라는 이름에 역사 주체(누가)가 드러나 있고 재위 '10년 5월 5일'이라는 시기(언제)가 언급되었으며 인방의 주 할아버지 사당(어디)에 와서 화폐(돈, 무엇)를 주었다는 내용의 역사적 사실을 실감나게 나타내주고 있는 것이다.

bc2411년에 이미 사료의 조건을 충실하게 갖춘 기록이 등장한다는 것은 우리 고대사와 문자에 대해서 우리가 새롭게 인식할 필요가 있음을 의미한다고 하겠다.

11) 경신각(庚申角)

다음 청동기 명문은 '경신(庚申)'이란 간지(干支)가 있어 '경신각(庚申角)'이라 부르는 명문이다.

제기 중에서 '각(角)'은 뿔 모양의 술잔을 말한다.

경신각(庚申角)

〈명문〉

庚申年王在瞿間
王各(格)宰束虎從
給貝五朋作父●
彝在六月鳥王
二十祀又(有)五

〈풀이〉

「경신년에 임금이 구상포(瞿相圃)에 오셔서
따라온 재상 속호에게 돈 5붕을 주셨다.
그 돈으로 (속호가) 아버지 고양 임금의 제사에 쓰일
제기를 만들었다. 새 임금 20년 6월 5일이다.」

위 명문은 고양 임금의 사위인 고신씨가 임금이 된지 20년 되던 해에 고양씨의 둘째 아들 구축(瞿祝) 일력(日鬲) 려(呂)씨를 재상으로 임명하며 하사금 5붕을 주었고 하사금을 받은 여씨가 아버지 고양 임금의 사당에 두고 쓸 술잔(角)을 만들었다는 내용이다.

〈참고〉

1) 고양 임금의 아들 가운데 재상(宰相) 속호(束虎)가 살았던 시기의 '경신년(庚申年)'은 bc2401년이다.
bc2400년 경의 청동기에서 이처럼 간지의 사용 실례가 밝혀졌다는 것은 동양에서 '간지(干支)'의 셈법이 고대 조선에서 기원하였다는 것을 말해준다고 하겠다.
2) 우측 첫째 줄 맨 아랫부분을 '구상포(瞿相圃)'로 보는 것은 낙선생의 견해다.
3) 두 번째 줄 밑에서 두 번째 호랑이 모습은 고양씨의 둘째 아들 속호(束虎) 여(呂)씨의 상징이다.
4) '父●'는 고양 임금이 속호씨의 아버지라는 것을 의미한다.
5) 네 번째 줄의 '六(여섯 륙)'자는 '집'의 모양이다. '집'의 모양으로 숫자 여섯(六)을 나타낼 수 있는 것은 고대 조선인들의 '삼합 집(△)'에 대한 이해와 천부경의

'대삼합육(大三合六)'이 연결될 때 비로소 가능한 표현이다.

'삼합(三合)'을 '집(△)'이라 하는데 '대삼합(大三合)'을 또 '육(六)'이라 하므로 숫자 '6'을 '집'으로 나타내는 것이다.

한자와 한글과 천부경의 원리를 모두 통해야 비로소 고대 조선의 실체를 알 수가 있는 것이다.

제 3 장

조선(朝鮮)의 신성문자(Ⅱ)

- 한자 -

1. 한자

1) 한자의 3요소와 음가

ad 100년 경 한(漢)나라 사람 허신(許愼)이 『설문해자(說文解字)』에서 언급한 이래로 뜻(義)과 소리(音)와 모양(形)을 한자의 3요소라고 하는데, 한자의 3요소를 목적과 수단으로 구분한다면 '뜻'은 목적이 되고 '소리'와 '모양'은 수단이라고 할 수 있으며 수단은 목적 달성을 위한 최적화의 경향이 있으므로 목적(생각, 뜻, 의미)이 정해지면 전달을 최적화하기 위한 방향에 따라 의도적으로 수단(음가, 소재)이 정해지는 것이다.

이것이 문자의 3요소에서 찾을 수 있는 문자의 속성이며 문자를 만든 주체들의 생각을 읽어낼 수 있는 단서가 음가에 남아 있다고 보는 까닭이기도 하다. 수단 중에서도 특히 '소리(音價)'는 뜻과 형상을 연결하는 고리가 되므로 음가를 문자의 생명이라고 말하기도 한다.

실제로 한자는 하나의 문자가 하나 이상의 음가(音價, 소리)를 가지고 있는데 어떤 뜻(의미)을 모양을 빌어 나타내려할 때 그 의도를 알 수 있도록 배려한 장치가 바로 한자의 음가다.

다시말해 한자가 지금의 모양을 갖게된 이유, 까닭, 원인을 알 수 있도록 연결해 놓은 고리가 바로 한자의 음가인 것이다.

따라서 한자의 음가를 이해하게 되면 한자를 만든 주체들의 의도를 알 수 있으며 나아가 가치관과 삶의 철학을 알 수도 있다.

우리 문자 학습의 최후 최고의 가치는 바로 여기에 있다고 할 수 있다.

그런 의미에서 이 책은 한자에 대한 또 하나의 지식을 전하는 정도의 '한자' 책이 아니라 이 문자들 속에 담긴 문자를 만든 조선 동이의 가치관, 세계관을 익힐 기회를 제공하는 의미가 있다고 할 수 있다.

우리 삶에서 '원래 무엇이었는가?'를 아는 것이야말로 지식의 정점에서 지혜를 만나는 유력한 방법이므로 고대 조선의 문자를 통해 지혜의 차원에 이르기를 기대한다.

2) '한자'라는 명칭에 대하여

'한자'라는 명칭에 대하여 부적절하다는 지적이 끊임없이 이어지고 있다.

'한자'는 '漢字'로 표기하는데 이는 '漢나라의 문자(文字)'라는 뜻이므로 문자의 기원이라는 측면에서 보면 이는 이미 2400여년 전에 만들어진 문자를 2400년 후에야 비로소 소급해서 부르는 것이어서 지금의 '한자(漢字)'라는 명칭은 불합리하다는 점을 인정하지 않을 수 없다.

그렇다면 소위 '한자', '한글'을 무어라고 부르면 좋을까?

모두가 공감할만한 좋을 이름을 지어 부르면 좋겠지만 이 또한 간단한 문제가 아니다.

그래서 생각할 수 있는 것이 이 문자를 처음 만들 주체들이 불렀던 이름은 찾는 것인데, 문자의 기원을 탐색하는 과정에 드러나는 '문자'의 원래 이름이 바로 '文(문)'이고 '文字(문자)'였다.

'文(문)'과 '文字(문자)'라는 이름이 어색하게 들린다면 그것은 원래 고유명사였던 '문', '문자'가 일반명사화되었기 때문이다.

'문자'라는 이름은 원래 고유명사였으나 점차 다양한 문자들이 등장하면서 '문', '문자'는 원래의 고유명사가 아닌 일반명사화하여 오늘에 이르고 있는 것이다.

'한자'의 원래 이름이 '문'이고 '문자'다.

따라서 어떤 글자를 '문', '문자'라고 부르는 것은 맨 처음 어떤 기호체계를 '문', '문자'라고 부른 사람들의 용어를 가져다가 사용하는 것이 되므로 현대적 의미로 말한다면 모두 저작료를 부담하여야 비로소 사용이 가능한 용어라고 할 수 있다.

지금에 이르러 인류가 공히 '문자'라는 말을 공유하고 있는 상황을 고려한다면 우리의 '문', '문자'야말로 인류 최초의 문자인 것이며 이와 유사한 것들을 통틀어 '문자'라고 부른 것으로 보아야 한다.

이렇듯 본질은 따로 두고 이제 겨우 문자의 근본에 다가가는 과정에서 '한자(漢字)'의 명칭 문제가 부각되는 것은 자칫 본질을 흐릴 가능성이 있으므로 한자의 명칭 문제는 차후를 기약하기로 하고 이 책에서는 '모든 문자는 하늘로 통하는 통로(출입문)'라는 의미에서 '한자', '한글'이라는 명칭을 사용하고 있음을 밝힌다.

2. '한자'의 실제

이제 비교적 초기에 만들어지는 한자들을 선별하여 소개할 것인데, 원래의 모습과 변화된 모습을 비교하면서 동양 사회 공동체의 의식의 변화를 느껴볼 수도 있고 한자의 음가에 담긴 우리말의 실상을 경험할 수도 있을 것이다.

특히 한자의 음가에서 우리말의 흔적을 발견할 수 있다는 것은 우리로써는 특별한 체험이라 할 수 있다.

'가', '간', '갈' 등으로 소리나는 한자는 '가다'와 관련이 있고 '서', '선', 설' 등으로 소리나는 한자는 '서다'와 관련이 있으며 '집'으로 소리나는 한자는 오늘 우리가 사는 '집'과 같은 의미이며 '자손'과 '손자'와 '손님', '손해' 등의 '손'은 우리 인체의 '손'과 불가분의 관계가 있다.

'눈', '귀', '입', '발' 등이 모두 그러하다.

한자에 관한 한 우리 겨레는 특별한 존재들이라 할 수 있다.

그래서 다시 조선(朝鮮)을 생각한다.

한자를 만들어 인류를 밝은 빛의 세상으로 이끌었던 인류 최고의 지성(知性) 조선의 동이족을 생각한다.

이제 개개의 한자를 통해서 오늘 우리의 내면에 면면이 흐르는 고대 조선 동이인의 자취와 정서를 음미해 보기로 하자.

001. 文(무늬 문; 文-총4획; wén)

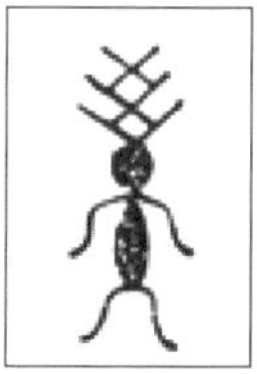

글자라기 보다는 한 폭의 그림처럼 보이는 위 모양은 '文'의 조선에서의 모습이다.

아랫부분에 사람의 모습이 보이고 가운데 머리 윗부분이 양쪽으로 크게 열려 있으며 그 열린 곳으로 위 하늘에서 무언가가 교차하며 내려오는 모습이다.

머리 정수리가 열려 있다는 것은 사람의 위쪽에 있는 하늘과의 소통을 의미하며 이 모양(文)을 '문'으로 불렀다는 것은 조선 동이족이 정수리의 열린 공간을 하늘과 소통하는 '출입문'으로 여겼다는 것을 의미한다.

통상 '문'이란 서로 다른 두 공간의 소통을 의미하는데 그 문이 사람의 머리 위쪽에 있다는 것은 이 문으로 통하는 것이 사람의 머리 위에 있는 '하늘'이라는 것을 의미한다.

따라서 '하늘과 사람의 소통'을 근간으로 '문명(文明)', '문화(文化)', '문자(文字)' 등 '文(문)'을 공유하는 용어들을 다시 보아야 하는데, '문명(文明)'은 '하늘을 알게됨으로써 세상을 보는 눈이 밝아짐'을 의미하고, '문화(文化)'는 하늘과 연결되어 가치를 갖게 됨을 의미하며, '문자(文字)'는 '하늘과의 소통'을 의미하는 것이다.

문자는 모두 하늘로 통하는 '문'이다. 그래서 우리는 문자를 통해 하늘을 보거나 하늘을 만나야 한다. 이것이야말로 '文'자를 만든 고대 조선의 선인들이 오늘 우리에게 말하려는 핵심이다.

한편, '文'자는 이후로도 여러 번 모양의 변화를 겪게 되는데 이 모양의 변화 속에 놀랍게도 고대 조선인의 중요한 인식의 일단이 담겨 있음을 알 수가 있다.

'文'의 옛 글자와 '본심본태양(本心本太陽)'

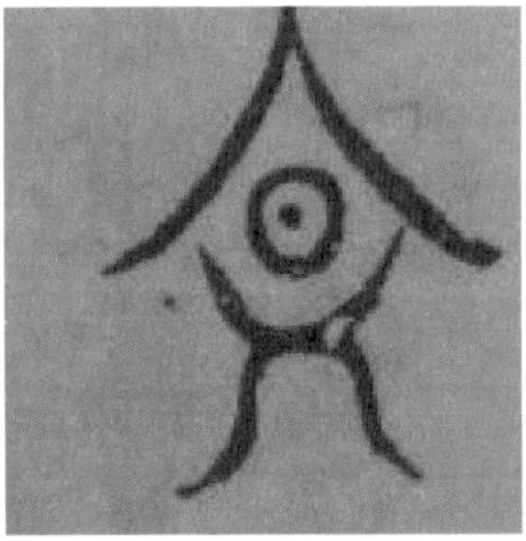

文을 통해 해가 사람의 마음자리에 들어와 자리잡은 모양

마음 자리에 해 대신 마음(心)이 자리잡은 모양

마음 자리에 '十'자가 들어있는 모양

위에 소개한 3개의 옛 글자는 모두 '文'의 변형자인데 이 글자의 모양에서 우리는 '천부경(天符經)'과 관련된 소중한 정보를 얻을 수 있다.

'천부경(天符經)'은 환국(桓國)의 구전지서(口傳之書)로 알려져 있는데, 그 내용 가운데 '본심본태양(本心本太陽)'이란 구절이 등장한다.

'본심본태양(本心本太陽)'이란 '태양'과 '마음'은 '하늘과 몸'의 근본으로, '서로 같다'는 의미로 이해된다.

그런데 위에 소개된 3개의 '文'의 옛 글자 중심에는 각각 '日(해)', '心(마음)', '十(열, 자식)'의 담겨 있는데 이것은 '文'을 매개로 '日=心=十' 즉 '해=마음=열(자식)'이 서로 같은 것임을 말해주는 것이다.

'文'의 옛글자에서 가슴에 새겨진 서로 다른 기호들의 관계는 '천부경'의 이해가 아니면 달리 설명할 방법이 없다.

한자는 천부경의 실체를 입증하는 매우 소중한 흔적이라 할 수 있다.

002. 丶(점 주; 丶-총1획; zhǔ)

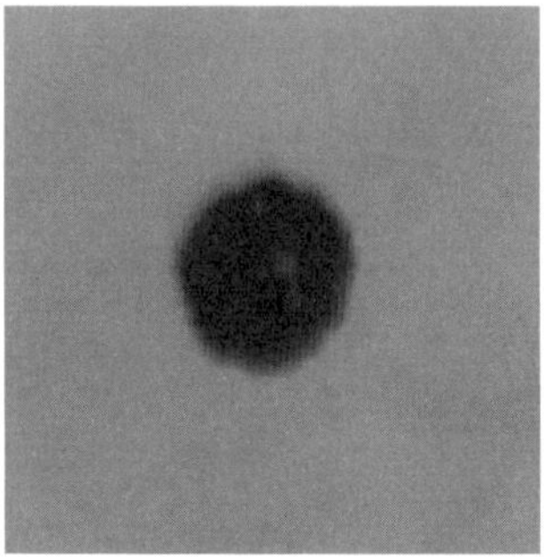

'•'은 모양으로는 가장 작고 단순하지만 '점점'이란 쓰임처럼 '점점 크게' 또는 '점점 작게' 끊임없이 살아 움직이는 존재인 하늘을 나타내는데, 스스로를 천손(天孫)이라 불렀던 바로 우리 겨레의 선조들이 고향이라고 여겼던 바로 그 '하늘'이다.

하늘은 우리 세상의 가장 밖 외연(外延)이다. 모든 것을 감싼 가장 큰 울타리 즉 한울타리이다. 그래서 하늘이다. 고대 조선의 선인들은 인문(人文)을 열고 문명을 시작하면서 하늘을 자신의 기원, 뿌리라고 여겼으므로 문자를 만들면서도 '하늘'을 나타내는 문자를 먼저 만들었다.

다음의 옛 문자들을 보면 한자마다 그 내부에 점을 가지고 있다는 것을 알 수 있는데 모두 '하늘 안에 있는 것들' 또는 '하늘이 만들었다'라고 할 수 있는 근거가 된다.

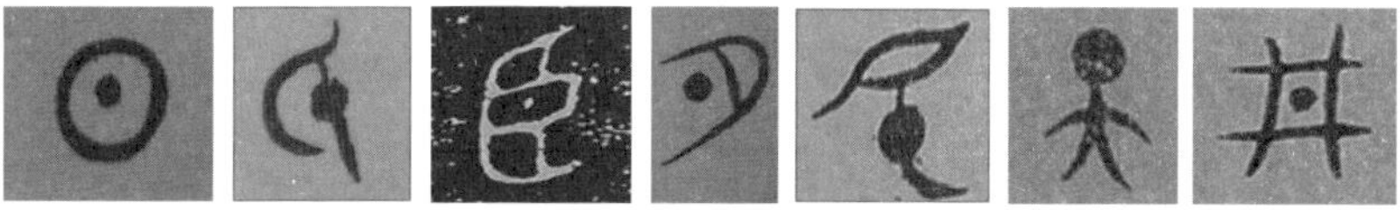

日(해 일) 氏(각시 씨) 臣(신하 신) 月(달 월) 民(백성 민) 天(하늘 천) 井(우물 정)

하지만 세월이 흐르면서 마치 사람이 공기를 잊고 살 듯이 문자에 담긴 '•'은 점차 사라지고 마침내 오늘 우리가 접하는 한자로 변했으며 문자의 변화가 말해주듯 우리의 뇌리에서도 '하늘'은 점차 희미해져만 갔다.

우리 겨레의 선조들은 스스로를 '천손(天孫)'이라 불렀다. 세상의 이치를 궁구해보니 사람을 포함하여 삼라만상이 모두 하늘의 아들이고 손자였던 것이다.

003. 丨(뚫을 곤, 상하로 통할 신; 丨-총1획; gǔn)

이 세상은 하늘로부터 시작되고 세상에 있는 것들은 모두 하늘에서 온다고 여겼던 고대 조선인들은 자기 자신 또한 하늘에서 왔다고 여겼다.

그들에게는 하늘이 고향이었다.

하늘이라는 고향을 떠나 이 세상으로 내려온 그들에게는 언제라도 왕래할 수 있는 하늘과 연결된 사다리가 있으면 좋겠다고 여겼다.

그래서 만든 문자가 '丨'자다.

'뚫다', '꽂다', '세우다', '상하로 통하다' 등의 뜻을 나타내는 '丨'을 고대 조선에서는 위와 같이 그렸다.

하늘과 땅을 연결한다는 의미다.

가운데 둥근 모양은 '하늘'을 나타낸다.

이 세상으로 오는 것들은 모두 하늘에서 오는 것이란 의미다.

이 세상에 있는 것들은 모두 하늘에서 왔다는 의미다.

그러나 하늘의 모습은 너무 다양하고 드러나는 방식은 신묘막측하다.

그래서 'ㅣ'의 모양은 점차 'S'자 모양으로 변화되어 쓰이기도 했다.

004. 一(한 일; 一-총1획; yī)

하늘은 언제나 저 위 높은 곳에 있고 땅은 우리 발 밑 아래에 있다.
하늘이 땅에 내려오면 땅은 하늘을 맞아 하늘과 하나가 된다.
하늘이 만물에게로 내려오면 만물이 또 하늘과 하나가 된다.

땅에 내려온 하늘, 만물에게로 온 하늘을 고대 조선인들은 '一'로 나타냈다.

이러한 배경으로 '一'은 '한 일'이라는 뜻과 소리를 갖게 되는데, '한 일'은 '하늘을 일이라고도 한다'라는 것으로, '하늘'의 다른 표현이 '일'이라는 것이다.

오늘 우리에게는 생소하지만 고대 조선인들은 '하늘'을 '일'이라고도 했다.

하늘은 그 상징이 무궁하다.

따라서 어느 상징을 활용할 것인가에 따라 고유의 모양과 소리를 갖게 되는데 '일'이란 말은 하늘의 '일하는' 속성을 나타낸 것이다.

이런 관점에서 본다면, 이 세상에 온 것들은 모두 하늘에서 온 것이므로 우리 모두는 하늘이 '일'한 결과라고 할 수 있으며 그것을 흉내내어 우리가 하는 것들도 마치 하늘(해)이 하는 것과 같다는 의미에서 '일'이라 부른다.

고대 조선인들이 생각한 하늘은 '일하는 하늘'인 것이다.

005. 父(아비 부; 父-총4획; fù,fǔ)

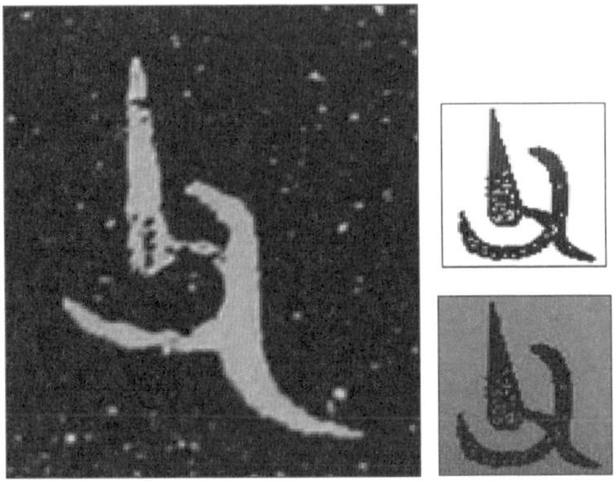

'아버지'를 나타내는 '父'자를 고대 조선에서는 위의 모양으로 썼다.

모양을 보면 '父'자는 'ㅣ'과 '又'의 결합으로 되어 있으며, 'ㅣ'은 하늘과 땅의 연결을 나타내고 '又'는 '손'을 나타낸다.

따라서 '父'는 '하늘(ㅣ)을 잡은 손(又)'으로 풀이할 수 있는데, 'ㅣ'자는 점차 변해서 사다리 모양(⺦)을 이루게 되고 이어서 술잔을 나타내기도 한다.

'술잔'이라면 단순히 술을 담아 마시는 그릇을 생각하기 쉬운데 제사에서의 술잔은 술잔을 올릴 수 있는 권위나 신분을 나타내기도 한다. 옛 제사에서 술잔을 올리는 일은 신분에 따라 엄정한 기준이 정해져 있었다.

따라서 '父'자의 하늘(ㅣ)을 손으로 붙들고(又) 있는 모양으로부터 우리는 '아버지'라는 호칭의 위상을 생각해 볼 수 있다.

'父'로 표현된 '아버지'는 '하늘을 붙잡아 나를 하늘에 연결해주신 분'이다.

아버지가 없으면 나는 하늘과 무관한 사람이 되므로 아버지의 존재는 가히 절대적이라 할 수 있다.

고대 조선 사람들에게 있어서 '아버지'는 '하늘을 붙잡아 하늘에 연결된 분'으로, 하늘을 붙잡았다는 의미에서 '아버지'는 곧 '하늘'이었다.

'하늘 아버지', '땅 어머니' 즉 '천부지모(天父地母)'라는 인식은 조선 동이의 깊은 통찰의 결실이라고 할 수 있다.

006. 申(펼 신, 아홉째 지지 신; 田-총5획; shēn)

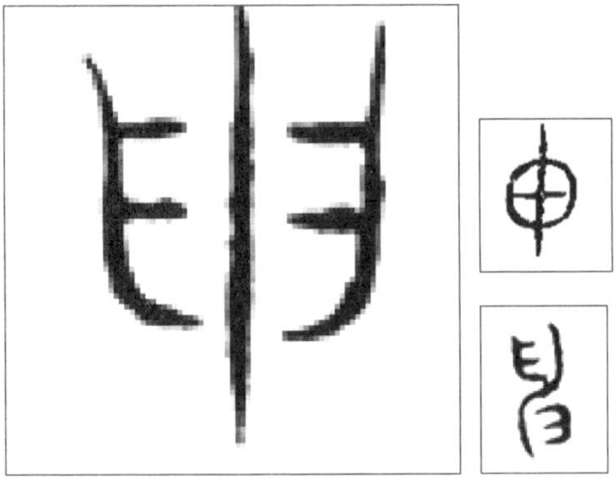

위 모양은 '申(펼 신, 아홉째 지지 신)'의 고대 조선 때의 모습이다.

좌우의 두 획은 두 손(∈∋)을 나타내고 중앙의 '丨'은 앞서 보았던 '丨(뚫을 곤, 상하로 통할 신)'의 모양으로, 두 손으로 '丨'을 잡은 모양이다.

두 손으로 '丨'을 잡았다는 것은 하늘과의 연결 즉 하늘로부터 이어져 있음을 의미한다.

기초한자에 속하는 '申'의 의미는 '神'자에서 절정을 이룬다.

우리 삶에서 '神'자가 가진 비중을 생각한다면 '申'의 본래의 모양과 의미를 아는 것은 매우 중요하다. '申'에 '示'를 더해서 '神'을 만들기 때문이다.

'神'은 흔히 '귀신 신'이라고 풀이하는데 '신'의 우리말 뜻이 '담고 있다'라는 의미이므로, '하늘의 성품을 담고 있다'라는 의미에서 '신령스럽다'라는 의미로 보아야 한다. '하늘의 성품(속성)을 간직하고 있으므로 신령스럽다'는 의미다.

'申'의 '아홉째 지지'라고 하는 풀이는 간지를 문자로 표기하는 과정에서 '申'이 아홉 번째 지지를 나타내는 글자로 채택되었기 때문에 그렇게 부르는 것이다.

원래는 '하늘을 잡아 땅 위에 펼치다'라는 의미에서 '펼 신'이라고 한다.

007. 干(방패 간; 干-총3획; gān,gàn)

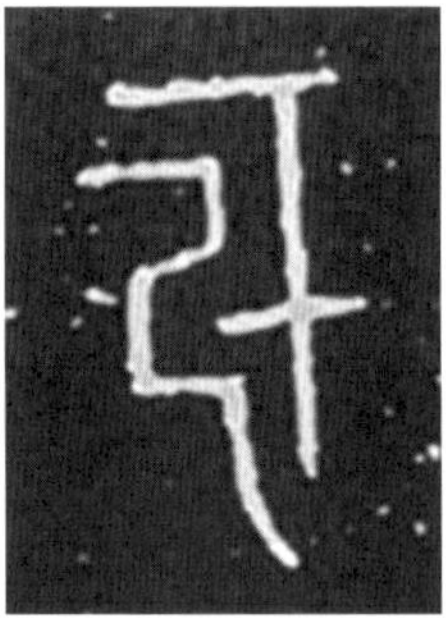

전투에 나가는 병사에게 방패는 필수품이다. 무겁고 불편하지만 그래도 기꺼이 드는 것은 방패가 자신의 귀한 생명을 지켜줄 것이란 믿음 때문이다.

방패를 문자로 나타낸다면 방패의 모양이나 특성을 활용하면 쉽게 표현할 수도 있을 것이지만 고대 조선인들은 그러지 않았다.

위의 모양이 '방패'를 나타내는 '干'의 옛 글자다.

'干'자는 '二+丨'으로 되어 있는데 여기서 '二'는 '하늘'을 나타내고 '丨'은 위 하늘에서 아래 땅으로 '내려오다'라는 의미를 나타낸다.

따라서 '干'은 '하늘이 내려오다'라는 의미인데 그것이 방패와는 어떤 관련이 있다는 것일까?

조선 동이의 사고방식에서 보면 세상 만물은 하늘의 작품이다. 세상 만물을 하늘이 만들었다면 그 만물에 대해서 하늘이 해야하는 일은 살리는 일일 것이다. 방패가 하는 일도 살리는 일이다. 살린다는 의미에서 하늘이 곧 방패와 같은 것이다.

‘干’을 ‘방패 간’으로 읽는데 이때의 ‘간’은 ‘갔다’, 즉 하늘이 ‘갔다’는 말이다. 방패란 하늘이 와서 세상 만물을 살리는 것처럼 사람을 살리는 것이란 의미다.

위 옛 글자에서 좌변의 ‘ㄹ’은 ‘위에서 아래로 내려간다’는 의미를 강조하기 위해 쓰인 것으로 우리글(한글)의 초성자 가운데 ‘ㄹ’과 동일하다.

우리 글자(한글)가 고대 조선에서 한자와 함께 만들어졌다는 강력한 증거이기도 하다.

008. 天(하늘 천; 大-총4획; tiān)

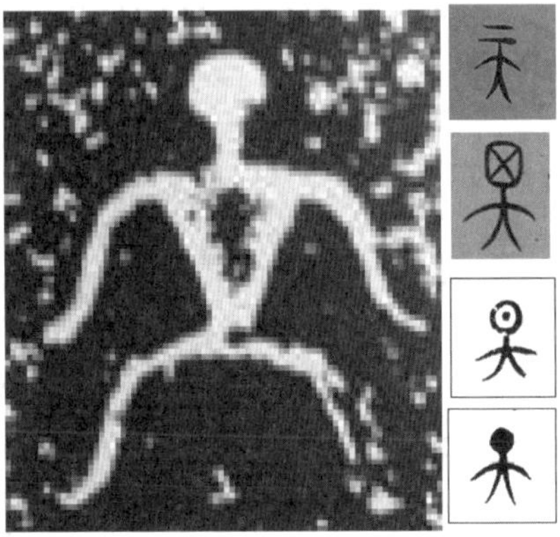

고대 조선인들에게 있어서 '하늘'은 무엇이었을까?

'天'의 옛 모습을 통해서 살펴볼 수가 있는데, 그들은 '하늘'을 '사람의 모습'으로 나타냈다. '사람'을 보면 '하늘'을 알 수 있다는 의미다.

수운 최제우 선생의 '인내천(人乃天)' 사상이 떠오른다.

사람의 모습으로 표현된 하늘! 하늘은 무엇일까?

답을 얻기 위해서는 天(하늘 천), 旻(하늘 민), 昊(하늘 호), 穹(하늘 궁), 乾(하늘 건), 霄(하늘 소) 등 '하늘'을 나타내는 문자가 여러 개가 있다는 것을 생각해야 한다. 하늘은 하나인데 하늘을 나타내는 문자가 여럿인 이유는 다양한 관점에서 볼 수 있다는 것을 의미한다.

따라서 '天'을 왜 '천'으로 발음하는가를 알아야 한다. 각각의 한자가 가지고 있는 음가 특히 음가의 '초성자'는 이 문자의 '관점'을 나타내고 있기 때문이다.

'하늘'을 '사람의 모습'으로 나타냈다는 것은 사람의 무엇과 연결해서 하늘을 보겠다는 것이며 '天'의 '천'이란 음가는 우리말 '천천이'와 관련이 있다.

사람이 천천이 가다보면 마침내 도달하는 곳이 하늘이라는 의미다.

한자의 음가는 한자를 만든 주체의 의도, 관점을 알아차릴 수 있는 단서가 된다.

009. 王(임금 왕; 玉-총4획; wáng,wàng)

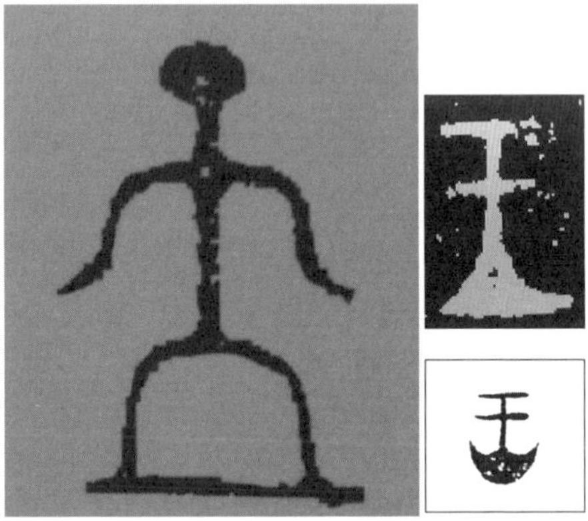

'王'자와 관련해서는 '셋(三)을 하나로 뀀(丨) 사람이 왕(王)이다' 라는 풀이가 있지만 문자를 만든 고조선 사람들의 생각과는 많이 다르다.

고대 조선에서는 왕을 위 그림처럼 땅(一) 위에 발을 딛고 두 팔 활짝 벌린 채 우뚝 선 사람의 모습으로 나타냈다.

두 팔을 크게 벌린 사람의 모습이 '天(하늘)'이라면 하늘 사람이 땅(一)에 내려 선 것이 임금(王)이다.

그러니까 임금은 '하늘 사람'인 것이다.

임금의 신분이 이러하니 임금으로써 해야 할 일은 무엇일까?

'王'자로부터는 이 점을 생각해야 한다.

보통 백성은 하늘이 낸다고 한다. 그래서 백성을 '민(民)'이라고 한다. 민들레, 민물고기처럼 하늘이 내고 기르는(거기 저절로 사는) 사람들이라는 뜻이다.

이렇듯 하늘은 백성을 내고 백성을 살리기 위해 다시 임금의 신분으로 세상에 내려오는 것이다.

임금이 세상에 와서 하는 일은 백성을 살리는 일이다. '치리(治理)'하는 것이다.

살리는 것이다. 백성을 다 살리는(治) 것이 임금이 세상에서 해야 할 일이다.

하늘에서 와서 하늘의 일을 하는 사람이므로 임금을 '왕'이라 한다.

010. 男(사내 남; 田-총7획; nán)

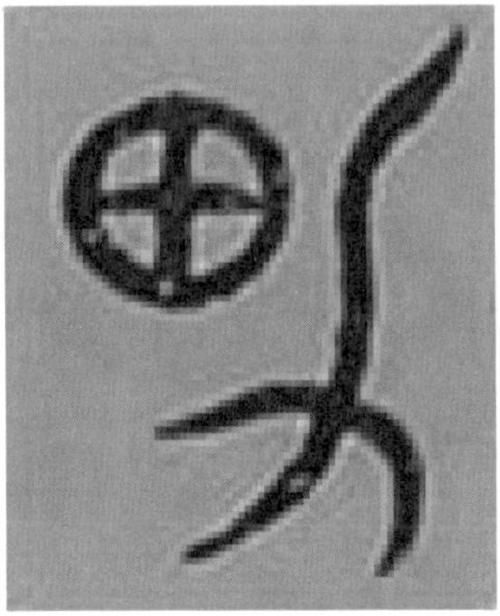

사람은 남자와 여자로 구별된다. 여자와 구별되는 남자, 남자에 대한 조선인들의 생각은 무엇이었을까?

'男'자를 통해 조선인들의 남자에 대한 이해를 살펴볼 수가 있다.

위의 모양은 지금의 '男'자와 다르지 않다. 처음 만들어진 그대로 지금에 이르고 있는 것이다.

위 모양에서 보면 글자의 윗부분에 '田'이 보이고 그 아래 '力'자가 보인다.

이 모양으로 인해 남자는 '열 사람을 먹여 살릴 힘이 있어야 한다'든지 '밭에서 일하는 사람이 남자'라는 등의 이야기들이 회자된다.

하지만 생각해보라. 남녀의 구분을 어찌 밭에서의 일을 기준으로 정했겠는가!

이것은 고대 조선의 정신철학이나 사고방식에 대한 무지에서 비롯된 편견이다.

글자의 윗부분에 있는 '田'은 하늘이 일하는 일터인 이 세상을 나타내고 그 밑에 있는 '力'자는 '손'을 나타내는데 '손'에는 자손(子孫), 일손도 있다.

따라서 '男'은 '세상에 하늘을 대신하여 일하러 온 일손'이란 의미다.

부부가 남편을 부르는 호칭에 '바깥양반'이 있는데 어쩌면 이 말이 '男'자의 의미에 적합한 호칭이라고 할 수 있다. '바깥'이란 '집'에 상대되는 개념으로 세상을 의미한다. 그러니까 여자는 집안 일을, 남자는 세상 일을 하도록 짝지워진 상대인 것이다.

'男'으로 표현되는 '남자'는 중심인 여자로부터 나왔으므로 '남'이라 한다.

'남'은 나온다는 말이다.

011. 女(여자 녀; 女-총3획; nǚ)

사람의 세계에는 남자와 여자가 있다.

남자와 여자가 만나 서로 짝을 맺고 자식(씨앗, 열매)을 낳음으로써 인류의 존속이 가능하게 되는데, 자식을 얻는 과정을 생각해보면 자식을 품어 낳고 젖먹여 기른다는 면에서 남자는 여자를 따르기 어렵다.

더구나 모든 남자들은 여자의 자식이라는 면에서 애당초 남녀를 서로 비등하게 보는 것은 가당치않다.

그렇다면 남자와 여자의 관계에서 여자를 어떻게 보아야 할까?

위는 '女'의 옛 글자로, 고대 조선에서는 여자를 '中'의 의미로 보았다는 것을 말해준다. 지금의 '女'는 '中'을 좌로 90°틀어서 만든 글자다.

'女'는 '여자'를 의미하므로 여자의 외형적 특징을 살펴서 표현하면 좋겠지만 고조선인들은 '中'자를 이용하여 표현하였다.

여자는 사람인데 '중', '가운데'와 관련된 사람 즉 가정과 혈연의 중심이 되는 사람이라는 뜻이다.

여자를 위의 모습으로 표현하는 것은, 이 문자가 만들어지던 고조선 시기가 모계를 중심으로 가정과 혈연이 유지되던 때였으므로 여자를 중심으로 여기는 인식이 반영된 것이다.

오늘 우리가 아버지의 씨(김,이,박,조 등)를 따르는 것처럼 당시에는 가정과 혈연의 중심이 여자를 위주로 하였기 때문에 자녀들이 어머니의 성(姓)을 따르던 때였다.

'女'자의 '여'라는 음가는 '여기', '여당' 등의 쓰임에서 보듯이 '중심'을 의미한다.

012. 母(어미 모; 毋-총5획; mǔ)

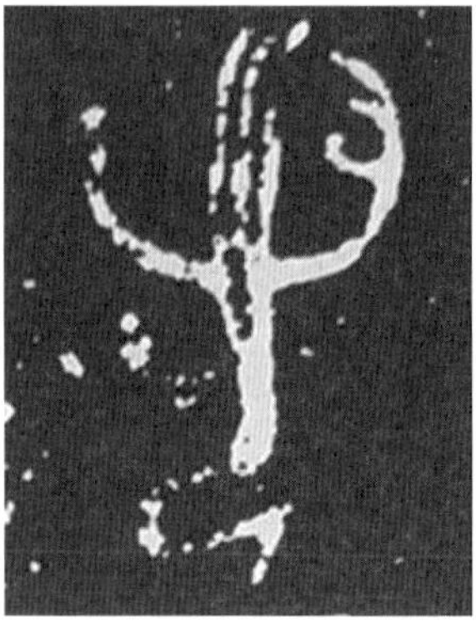

이 모습은 한 여인이 무릎을 꿇고 앉아 머리를 감싸 보호하는 듯한 모양으로, 특히 머리 부분의 세 가닥 줄기가 눈길을 사로잡는데, 이 모양으로 '어머니'를 나타내려는 바를 알려면 어머니를 왜 '모'라고 부르는지에 대해서 생각해보아야 한다.

문자의 음가를 알려면 우리말을 살펴야 하는데, '모'는 '못자리', '모내기', '모종' 등에서 보듯이 '싹'을 의미한다. '모내기'는 벼의 싹을 옮겨 심는 것을 의미한다.

따라서 '母(어머니)'를 '모'라고 부르는 것은 '어머니'를 '싹'과 관련해서 보겠다는 의미다. 어머니와 관련된 싹은 자식을 의미하므로 어머니는 '싹' 즉 '자식을 낳은 여인'이라는 뜻이다.

여인 가운데 싹을 낸 여인 즉 자식을 낳은 여인이어서 어머니를 '모(母)'라고 부른다.

한자를 우리말로 읽어 뜻이 통한다는 것은 우리에게 큰 의미가 있다.

한자를 만든 주인공들이 오늘 우리가 사용하는 우리 말을 사용하는 사람들이라는 것을 의미하기 때문이다.

013. 我(나 아; 戈-총7획; wǒ)

‘我’자는 ‘자아(自我)’라는 쓰임이 있으며 오로지 나의 나다움 즉 ‘나’의 정체성과 관련된 의미를 나타낼 때 사용하는데 위에 소개한 문자는 ‘我’자가 처음 만들어질 때의 모습이다.

언뜻 보아서는 무엇을 의미하는지 알기 어려운 위의 모양은 명씨 금문의 도움을 받아야 비로소 그 내용을 알 수 있다.

‘我’의 옛 글자는 좌우 두 부분으로 구분할 수 있고 좌우의 두 모양은 조선의 왕실 형제의 이름자다.

어깨에 무기를 짊어진 모양은 고양 임금의 큰 아들의 이름자로, ‘成(성)’, ‘相(상)’ 등의 이름을 가진 ‘성축’, ‘축륭’이고 좌측 아래의 ‘方’자처럼 보이는 모양은 성축의 동생인 구축 여(呂, 瞿)씨의 이름자다.

형과 동생이 손에 무기를 들고 공동의 재산을 보호한다는 것이 '我' 자의 본 의미로, 형제로 표현된 이 모양은 우리 겨레가 즐겨 사용하는 '우리'를 나타낸다.

이처럼 문자의 정체를 알려면 문자가 처음 만들어진 당시로 돌아가 원래 무엇이었는지를 살펴야 한다.

고대 조선인이 생각한 '나'는 '우리'였던 것이다.

014. 祭(제사 제; 示-총11획; ji)

‘祭’자를 풀이하는 사람들이 옛날에는 ‘손(又)으로 고기(月, 肉)를 들고 제사지냈다’라고 말하곤 한다.

하지만 지금의 ‘祭’자는 세월의 흐름 속에 변형된 모습이고 고대 조선인들이 만든 ‘祭’자는 모양이 다르다.

고대 조선에서는 ‘祭’자를 위의 모양으로 썼다.

따라서 이 모양으로부터 고대 조선에서의 제사(祭祀)의 기원과 의미를 살펴볼 수 있다.

맨 위의 모습(爿片)은 사당의 문이다. 사당을 바라보고 성인이 어린 아이를 두 손으로 모시듯 받드는 모양으로, 어린 아이는 ‘시동(尸童)’으로 불리는데 과거 모계사회에서 세대를 건너 이어지는 부계의 혈통을 상징하며 혈연(핏줄)의 이어짐을 기억하기 위해 조상 제사에 시동을 앞에 세우고 제사를 지냈던 것이다.

제사(祭祀)는 본디 고조선인들이 스스로 인식했던 하늘자손(天孫)으로써의 자신과 하늘을 연결하는 문화적, 제도적 장치였다.

제사를 '전쟁(戰爭)'에 비유할 만큼 중요시했던 것도 하늘과의 연결이 절대적이었음을 말해준다고 하겠다.

'제'는 '몸을 하늘 향해 둔다'는 말이다.

015. 鬼(귀신 귀; 鬼-총10획; guǐ)

‘귀신(鬼神)’이라 일컬어지는 ‘鬼’자의 조선 때의 모습인데, 머리 부분에서 과장되게 그려진 된 두 ‘귀’가 먼저 눈에 띤다.

‘귀신(鬼神)’의 모습에서 ‘귀(耳)’를 유달리 크게 강조한 까닭은 무엇일까?

이것은 ‘귀신’과 ‘귀’가 서로 관련이 깊다는 것을 의미하는데 이 관계를 알려면 우리말 ‘귀’를 이해해야 한다.

우리말 ‘귀’는 ‘돌아간다’는 의미다. 귀신은 신으로 돌아감을 의미하고 우리 얼굴의 귀는 소리가 들어가는 기관인 것이다.

이처럼 우리말 ‘귀’의 의미를 귀신(鬼)과 귀(耳)가 공유하는 것은 ‘鬼’자를 만든 사람이 우리말을 쓰는 사람이기 때문이다.

고대에 우리말을 쓰는 사람들이라면 조선의 이족을 제외하고 누가 있을까?

위 모습은 조선의 4대 임금 제곡 고신씨의 상징으로, 제곡 고신씨 사후에 하늘로 돌아갔음을 나타내기 위해 '귀'를 크게 그린 것이다.

고대 조선에서는 '神'이 신농 불임금의 상징이고 '鬼'는 고신 임금의 상징이므로 '鬼'가 나중이었으나 왕실의 주인공이 바뀌면서 나중에 만들어지는 '귀(鬼)'를 '신(神)'의 앞에 앉히면서 '귀신(鬼神)'이라는 말이 만들어져 쓰이고 있다.

016. 人(사람 인; 人-총2획; rén)

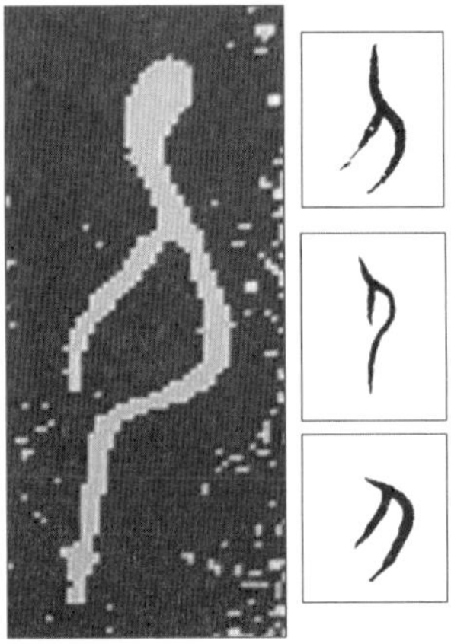

고대 조선에서 문자를 만들 당시 사람의 모습은 문자를 만드는 유용한 소재였다.

사람 자신보다 사람을 더 잘 나타낼 소재는 없기 때문에 사람을 소재로 한다면 여러 설명이 필요없기 때문이다.

다만, 사람을 이용해서 문자를 만들 경우 보통 사람의 정면의 모습과 측면의 모습을 구분해서 표현했는데, 天, 王자는 사람의 정면의 모습으로 표현했고 평범한 보통 사람이나 만물을 상징하는 '人'은 사람의 옆 모습을 이용해서 표현했다.

따라서 '人'으로 표현된 사람의 의미는 이 문자를 '인'이라고 읽는 것으로부터 생각해야 한다.

'담배가 인이 박히다', '종기가 인이 박혔다' 등의 표현에서 보듯이 우리말 '인'은 '뿌리'를 나타낸다.

그러니까 '사람(人)'을 '인'이라 불렀다는 것은 사람을 하늘이 세상을 향해 뻗어나가는 '하늘의 뿌리'로 여겼다는 것을 의미한다.

고대 조선인들에게 있어서 만물은 하늘의 확장으로, 이것은 스스로 하늘의 자손이라고 여겼던 조선인들의 독창적인 세계관, 우주관에서 비롯된 것이다.

017. 心(마음 심; 心-총4획; xīn)

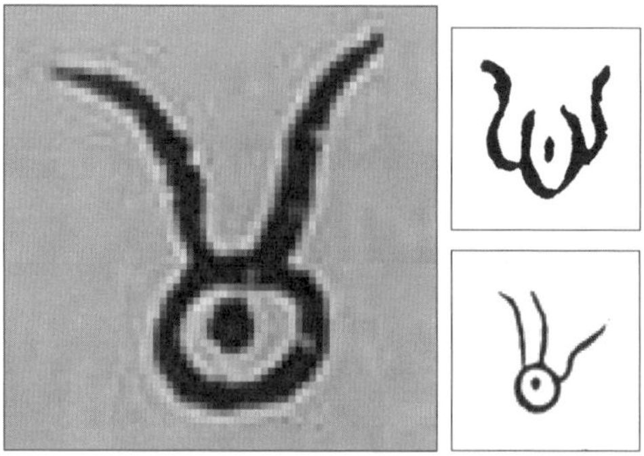

문자를 만드는 과정을 생각해본다면 '마음'과 같은 대상을 문자로 표현한다는 것은 매우 힘든 일이었을 것이다.

오늘 우리가 '마음'을 표현할 때 쓰는 '心'자를 고조선에서는 위와 같이 여러 가지 모습으로 썼다.

따라서 오늘 우리는 '心'의 옛 글자를 통해서 '마음'을 이 모양으로 표현한 사람들의 생각을 읽어내는 것이 가능하다.

위 '心'자의 옛 모양에서는 아랫 부분의 해(日)가 먼저 눈에 들어온다.

과연 마음을 나타내는데 '해'가 왜 필요했을까?

이것을 이해하는데는 '천부경'의 '본심본태양(本心本太陽)'이라는 글귀가 도움이 된다. 고대 조선인들은 마음이나 태양이 근본에서는 서로 같다고 여겼다. 우리 몸에서 '마음'은 하늘의 태양과 근본이 같은 것으로 보았으므로 '태양'을 가져다가 '마음'을 나타내는 것이 가능했던 것이다.

‘心’자의 바탕에 ‘천부경’의 이해가 깔려 있다는 것은 문자와 천부경의 상관관계를 살펴볼 수 있는 단서가 된다. 천부경식 사고방식의 소유자들이 ‘心’자를 만들었다는 것을 의미하기 때문이다.

018. 道(길 도; 辶-총13획; dào)

‘도(道)를 아십니까?’

참으로 어려운 질문이다. 자신있게 그렇다고 할 수도 없고 또 아니라고 하기에는 뭔가 좀 아는 것 같기도 하고. 그런데 정말 ‘도(道)’는 무엇일까?

위 모양은 ‘道’자의 처음 모습이다.

중앙에 ‘首(머리 수)’가 보이고 좌우로 ‘行(다닐 행)’자와 맨 밑에 ‘止(발 지)’자가 보이는데, ‘行’자와 ‘止’자로부터는 ‘걸어다니는 행길’을 쉽게 연상할 수 있지만 가운데 ‘首’는 무엇을 의미하는지 아리송하기만 하다.

‘道’자에서 ‘머리’의 의미는 무엇일까?

이것은 다니는 행길의 주체가 ‘머리’와 관련이 있다는 것을 의미한다. 이 길은 사람이나 수레가 이동하는 길과 비슷하지만 실상은 ‘머리를 지나가는 길’이란 의미다.

‘머리를 지나간다’는 말은 설명이 필요하다.

‘首(머리 수)’자는 ‘머리’를 나타내는데 하늘 향한 두 뿔을 주목할 필요가 있다.

이 뿔은 안테나다. 이 안테나를 타고 하늘이 머리로 내려온다. 따라서 ‘머리를 지나간다’라는 말은 ‘하늘이 머리를 통해 지나간다’는 말이다.

따라서 ‘道’로 표현된 ‘길’의 주체는 ‘하늘’이다. 하늘이 머리를 통해 우리 몸 속을 지나가는 길이 있다는 것이다. ‘道’는 이처럼 사람을 비롯한 모든 생명체의 몸을 관통하는 하늘의 길을 의미한다. 하늘의 이치, 사물의 이치를 의미하기도 한다.

머리(首)의 ‘수’라는 음가는 ‘내려오다’라는 의미이고 ‘道’의 ‘도’라는 음가는 ‘돌아간다’는 의미다.

019. 福(복 복; 示-총14획; fú)

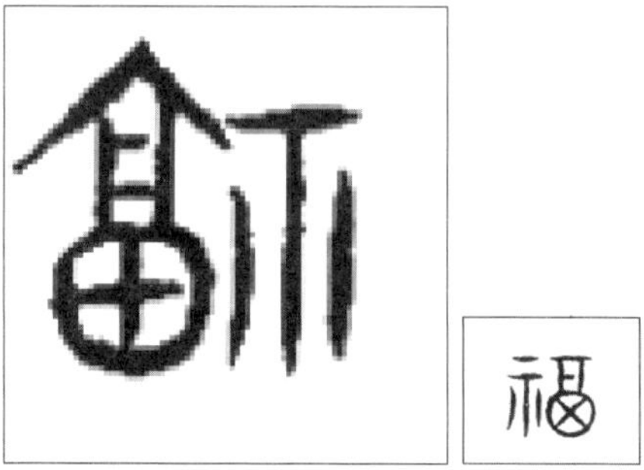

'복 많이 받으세요!'

사람이라면 누구를 막론하고 좋아할 수밖에 없는 것 중에 '복'만한 것도 없을 것이다.

'福'으로 표현되는 '복'. 무엇일까?

'福'자도 옛 글자의 도움을 받으면 그 의미를 쉽고 분명하게 파악할 수가 있다.

'福'자의 '示'는 '보일 시'자다. 위(二) 하늘에서 빛이 내려와(小) 세상 만물이 보인다는 의미다. 이런 의미 때문에 '示'자는 '위에서 내려오다'라는 의미로 쓰이며 특히 '제사(祭祀)'와 관련된 의미로 사용된다.

그리고 '福'자의 '畐'은 '가득할 복'자로, 위 하늘(一)과 세상(田)이 사다리(⺝)로 잘 연결되었음을 의미한다.

마치 수레바퀴(輻)의 겉테와 중심 축이 바퀴살로 연결될 때에 바퀴살의 수가 많으면 많을수록 중심 축과 겉테는 하나가 되어 더욱 튼튼

해지는데 이때 바퀴살과 같은 것이 우리가 말하는 '복'이다.

'畐'자의 아랫부분 '田'은 '밭 전'자로 농부가 일하는 일터지만 일하는 주체가 하늘이면 이 세상은 하늘이 일하는 일터와 같으므로 '畐'자에서의 '田'은 '세상'을 의미하기도 한다. 이 세상을 하늘이 일하는 일터로 보는 것이다.

따라서 '복(福)'은 이 세상 또는 세상을 살아가는 만물이 하늘과 긴밀하게 연결되어 온전한 삶을 유지하게 하는 모든 조건을 일컫는다.

020. 吏(벼슬아치 리), 史(역사 사; 口-총5획; shǐ)

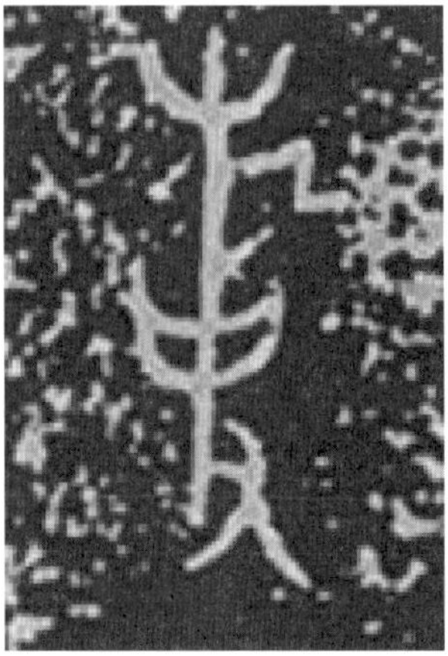
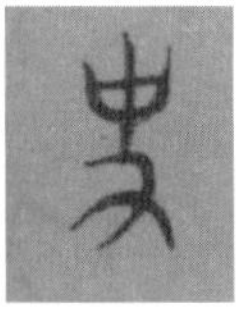
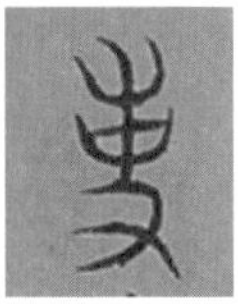

'史(역사 사)'의 고대 조선 때의 모습이다.

깃발과 '中'이 보이고 밑에 손(又) 모습이 보이는 이 모습은 고대 조선의 역사적 사실을 배경으로 만들어졌다.

윗부분 깃발은 고대 조선인들이 즐겨 사용하던 씨족, 부족의 표시다.

삼지창처럼 보이는 모습은 '丨→屮→朱'으로 발전하는 신농계의 표시이고 깃발처럼 보이는 것은 '己'자를 옆으로 그린 것으로 황제계의 족표다.

따라서 이 깃발은 신농계와 황제계가 결합한 조선 왕실의 상징인 셈이다.

중앙의 '中'자는 고양 임금의 셋째 아들 중여 곤의 이름자이고 그

밑의 손은 중여 곤의 동생인 사방책봉(四方冊封)씨의 손이다.

'史'자는 사방책봉씨가 요임금의 왕실 잔치에 노쇠한 형 대신 참가하면서 형의 상징(中)이 새겨진 깃발을 들고 갔던 사실을 배경으로 만들어진 것으로, 형을 대신해서 궁궐에 다녀왔으므로 현지의 소식을 상세한 기록으로 남겨야 했던 것이다.

'吏', '史'자가 '기록', '역사', '사역'의 의미를 나타내게 되는 배경이다.

세계 여러 나라에 우리나라를 대표해서 나가 있는 대사(大使)의 시원이라 할 수 있겠다.

021. 夷(태양 이; 大-총6획; yí)

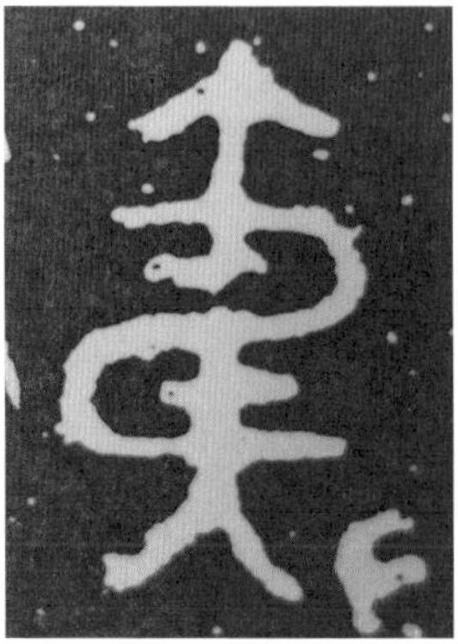
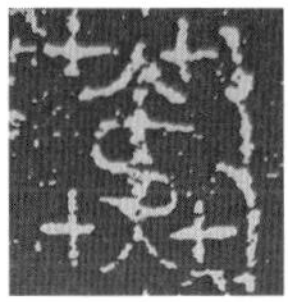

'夷'는 우리 겨레를 '동이(東夷)'라 부를 때의 이름자다.

먼저 만들어진 '夷'자를 가져다가 우리 겨레의 이름자로 쓴 것인지 아니면 우리 겨레의 이름자로 쓰기 위해 일부러 만들었는지에 대해서는 아직은 알 수 없다.

다만 옛 모양을 보면 가운데 화살이 보이고 화살을 'S'자 모양이 감고 도는 모습이 보이는데, 고대 조선에서 화살은 햇살, 살(몸)을 나타낼 때 즐겨 사용하던 상징이고 가운데 'S'자 모양은 무언가를 의지해서 자라는 콩과 식물의 '넝쿨 손'이다.

우리말 '손'은 인체의 손과 자손(子孫), 손님, 일손 등 여러 쓰임이 있는데 여기서는 자손(子孫)으로써의 살붙이, 피붙이, 겨레, 백성을 의미한다.

따라서 '夷'로 표현된 우리 겨레는 '해의 살과 같은 피붙이들(겨레, 공동체)'이란 의미다. 태양을 중심에 두고 '해의 살과 같은 겨레(공동체)'를 의미한다.

그래서 '夷'는 '태양 이'로 새김하고 풀이해야 한다.

그런데 오늘 우리 사전에 '夷'는 '오랑캐 이'로 풀이된다.

'夷 =오랑캐'를 그대로 인용하면 우리 겨레의 호칭 '동이(東夷)'는 '동쪽에 사는 오랑캐'가 된다. 우리를 오랑캐로 보는 것은 주나라 중심의 세계관이 원인이다.

우리는 오랑캐가 아니라 동양 문명을 창시한 태양족이다. 태양족의 살붙이들인 것이다.

우리 겨레의 자랑스런 호칭 '夷'는 고양씨의 손자이며 성축씨의 큰아들이며 제곡 고신의 큰 사위인 '저이중려(儲夷中黎)'의 이름자에서 기원하였다.

022. 亼(삼합 집; 人-총3획; jí)

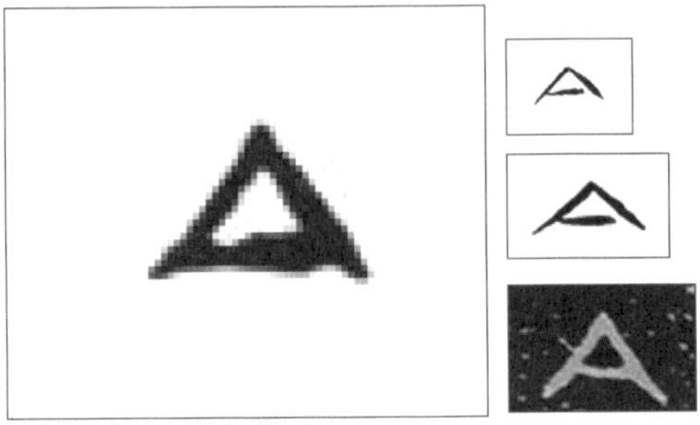

‘집’을 나타내는 문자를 고대 조선에서는 ‘△’으로 썼다.

모양은 너무나 익숙한 ‘삼각형(△)’이고 뜻은 ‘셋의 합’이다.

그러니까 우리가 ‘집’이라 부르는 말은 ‘셋의 합’을 의미한다는 것이다.

‘△’에서 ‘셋의 합’이란 ‘삼각형’을 이루는 세 변의 합을 의미하므로 삼각형에서 세 변은 각각 따로 고유한 의미가 있다는 것인데 여기에서는 우리말 ‘집’이 ‘세 번째’이며 ‘셋의 합’을 의미한다는 것만 강조하기로 한다.

‘집’에서 ‘셋의 합(△)’이란 집의 구성원인 ‘아버지와 아들과 손자’를 의미하기도 하고 집의 구조로는 ‘울타리 마당 집’, ‘집과 방과 사람’을 의미하기도 하며 온갖 것을 망라하는 우주적 세상(천지인을 합한, 우주)을 의미하기도 한다.

‘세 번째’이며 셋의 합이란 의미를 ‘○□△’의 도형을 예로 설명한다면, ‘△’은 ‘원방각(○□△)’에서는 ‘세 번째’이지만 ‘셋의 합’은 ‘○□△’의 합 즉 ‘○+□+△‘ 되어 ‘ • ’의 의미가 되기도 하는 것이다. ‘△’의 셋의 합이란 의미는 온 세상을 망라한 궁극적 하늘로써의 ‘ • ’과 같은 의미다.

이처럼 ‘△’은 세 번째이며 동시에 ‘셋의 합’이라는 이중의 의미를 가지고 있다.

우리는 전통적으로 ‘삼신(三神)’이란 말이 즐겨 쓰는데 ‘삼신’을 이해하려면 ‘△’의 이중적 의미를 알아야 비로소 삼신을 바르게 이해할 수가 있다.

023 余(나 여; 人-총7획; yú)

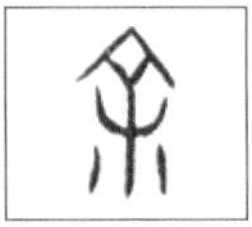

'나'라는 인식의 주체를 나타내기 위해 고대 조선에서는 '余'자를 만들었다.

위의 모양은 '余'의 원래의 모습으로 '余'는 '亼'에서 만들어진다.

'亼'는 '△'과 '丨'로 나눌 수 있는데 '△'은 여기서는 삼신, 조상을 나타내고 '丨'은 술잔을 올린다는 의미이므로 '亼'는 '삼신께 제사 드리다', '余'는 '삼신(△)에게 제사드리는(丨) 사람이 나(余)'라는 뜻이다.

'亼'에 '亼'을 더하여 만든 '高(亼+亼=高)'가 고양 임금의 이름자인데 이로써 고양씨는 삼신께 제사드리는 두 번째 사람을 의미한다는 것과 '삼신'의 실체에 대해서도 알 수가 있다.

'나'를 나타내는 한자는 吾(나 오), 余(나 여), 我(나 아), 朕(나 짐) 등 언뜻 떠오르는 문자만으로도 여럿인데 이는 곧 나의 여러 가지

측면을 의미한다.

어느 측면에서 보느냐에 따라 다른 '나'가 있을 수 있으므로 필요에 따라 문자를 만들게 되고 이 필요에 따라 '나'의 호칭과 의미가 달라지는 것이다.

그래서 음가(音價)를 살피면 '나'의 어떤 면을 말하려 하는지를 알 수 있는데 이 음가가 오늘 우리가 쓰고 있는 우리말이라는 점이 문자의 기원과 관련하여 시사하는 바가 크다.

'余'로 표현된 '나'는 '삼신, 조상께 제사드리는 나'다. 내가 제사의 중심이라는 것을 강조하기 위해 '余'자를 '여'로 부른다.

'여'는 '여기', '여당'의 의미처럼 '중심'을 의미한다.

024. 食(밥 식; 食-총9획; shí,sì,yì)

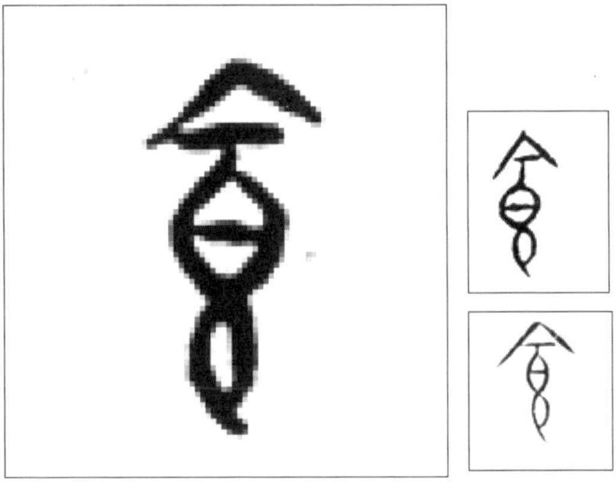

하루 세 끼의 '밥'을 먹는 것이 일상화된 오늘에도 '밥'의 의미는 여전히 오리무중이다. '밥'은 왜 '밥'일까? '밥'의 의미는 무엇일까?

'食'의 고대 조선에서의 모습을 보는 것이 도움이 된다.

'食'은 '△+艮'으로 되어 있고 '△'은 '•'으로 표시된 하늘을, '艮'은 '가다'를 나타낸다. 그러니까 밥을 '하늘로 가다'라는 의미로 표현한 것이라 할 수 있는데 모호하기는 마찬가지다. 이때 필요한 것이 '밥(食)'의 '식'이란 음가다.

'밥 식'의 '식'은 '식목일'의 '식'에서 찾을 수 있다. '식'은 '세운다'는 말이다.

따라서 '食(밥 식)'의 내용을 참고하면, 밥은 하늘로 가는 과정에서 몸을 세우기 위해 먹는 것이라고 정의할 수 있다.

너무 추상적이어서 감이 잘 잡히지 않는다면 '진지'라는 말을 생각하는 방법도 있다. 진지는 옛 어른들이 사용하던 식사, 밥을 의미하는데 이 '진지'를 '盡知'로 표현한다. 풀이하면 '앎(알,知)에 이르다(盡)'라는 말이다. 앎(알,知)에 이르기 위해 먹는 것을 밥(진지)이라 불렀던 것이다.

'하늘로 가다(食)'와 '앎에 이르다(盡知)'라는 두 문장을 연결하면 '하늘=앎'의 관계에 있고 하늘을 아는 것이야말로 고대 조선인들이 알고자했던 것의 궁극적 차원이었음을 알 수 있다.

025. 亨(형통할 형; 亠-총7획; hēng,héng)

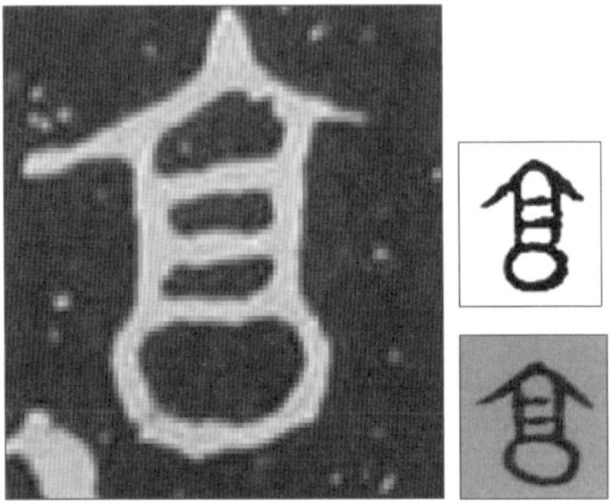

'亨'자의 본래의 모습 즉 고대 조선에서의 모습이다.

맨 위에 갓처럼 씌워진 'ㅅ'의 모양이 보이는데 이것은 '○□△'에서의 세 번째인 '△'의 변형이다. 가운데 두 획(二)은 당연히 '○□△'에서의 두 번째인 '□' 그리고 맨 아래 동그라미는 그대로 '○□△'에서의 첫 번째인 '○'이다.

'亨'의 이 모습은 문자의 기원과 관련하여 중요한 의미를 갖는데 그것은 동양철학의 기본 요소인 '○□△'이 문자의 기원과 서로 불가분의 관계에 있다는 것이다.

한국 사상의 핵심이며 기본이라 할 수 있는 '천지인'의 상징기호 '원방각(○□△)'이 '형통하다'를 나타내는 '亨'의 기원이라면 고대 문자와 한겨레와의 친연관계를 생각하지 않을 수 없다.

고대 문자가 우리 한겨레와 서로 뗄 수 없는 관계에 있으며 그 시기 또한 고대 조선의 시기에 집중되어 있다는 것을 거듭 확인할 수 있다.

'亨'자의 '형통하다'라는 의미는 '천지인(○□△)이 하나(하늘)로 통하니 좋다'라는 의미다.

형통(亨)하면 좋은 것이므로 '亨'자를 통해서는 우리말 '좋다'의 의미를 알 수도 있다. 천지인이 '조화'를 이룬 것이면 좋은 것이다.

026. 六(여섯 륙{육}; 八-총4획; liù,lù)

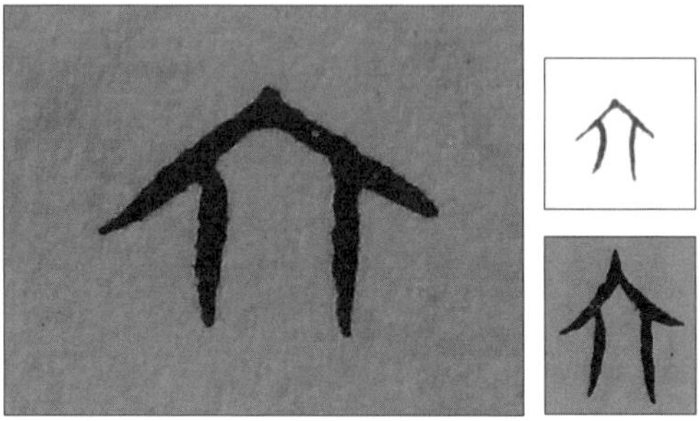

숫자 '여섯'을 나타내는 '六'을 고대 조선에서는 위의 모습으로 썼다.

집의 모양이다.

고대 조선인들은 어떻게 '집'으로 숫자 '여섯(六)'을 나타냈을까?

우리 겨레의 경전으로 손꼽는 '천부경(天符經)'과 한자 가운데 '亼' 자의 도움이 없이는 알아차리기 어렵다.

'천부경'에는 '대삼합육(大三合六)'이란 구절이 있고 한자에는 '삽합 집'이라 풀이하는 '亼'자가 있다.

천부경과 한자 '亼'은 '삼합'을 공유하는데, '대삼합육(大三合六)'은 숫자 '1과 2와 3을 합하면 6이 된다'는 말이고 '삼합 집'은 '1과 2와 3을 합한 것을 집이라 한다'는 말이므로 이 둘의 의미를 결합하면 '6(六)=집'이 된다는 것을 알 수 있다.

이러한 의미에서 '六'자는 우리 고유의 경전인 '천부경'과 '한자'와 특히 우리말 '집'을 하나로 아우를 뿐만 아니라 이들을 고대 조선과 연결하는 중요한 연결고리라고 할 수 있다.

천부경이나 한자에 대해서는 다양한 견해들이 난무하고 서로 상충하는 것도 있어서 무어라 말하기 어렵지만 '집'이라는 표현은 우리 모두에게 통일된 정서가 있으므로 '집'에서부터 한자와 천부경과 조선의 실체를 찾아야 한다.

027. 家(집 가; 宀-총10획; jiā,gū,jiȧ,jiė)

'家'자의 옛 모양을 보면, 집안에 들어있는 돼지가 먼저 보인다.

이 글자를 보고 진태하 선생은 '한자는 우리 겨레가 만들었다. 돼지와 함께 사는 것은 한국인의 전통이다'라고 하셨다.

2층 구조로 집을 만들어 아래에 돼지를 키우고 그 위에 사람이 살았다는 흔적이 있으므로 진태하 선생의 주장이 그럴듯하게 들리기도 하지만 위 모양에서 '돼지'는 구조물의 아래층이 아니라 전체를 차지하고 있다.

'家'자의 '돼지'는 가축으로써의 '돼지'가 아니라 돼지 토템(totem)으로 보아야 한다.

조선 고양 임금 때 고양 임금의 넷째 아들 사방책봉씨의 토템이 돼지였다.

돼지토템족 사람들의 집안이라는 의미에서 집을 '가(家)'라고 불렀던 것이다.

돼지토템으로부터는 돼지를 '해(亥)라고 부른 것도 참고할만하다.

돼지를 나타내는 문자에 豕(돼지 시), 亥(돼지 해), 豚(돼지 돈), 猪(돼지 저) 등이 있는데 모두 하늘의 '해'와의 관계를 중시한 표현들이다.

돼지를 '해'와 연결해서 보는 것은 조선 동이의 독창적인 가치관에서 비롯된다.

조선의 이족들은 스스로를 '해'라고 여겼다. 아해(아이), 안해(아내), 올해(올케) 등은 그 증거다.

짐승도 예외가 아니다. 소(牛)는 '하늘을 상징하는 짐승', 말(午)은 '소의 짝', 개(犬)는 '사람의 곁을 졸졸 따라다니는 해', 돼지(亥)도 '해', 닭(鷄)은 해를 알리는 '해의 사자'로 인식했던 것이다.

해를 중심으로 세상 만물의 상호 질서 체계를 수립한 조선 동이족이 문명을 창시한 태양족이라는 증거다.

028. 帝(임금 제; 巾-총9획; dì)

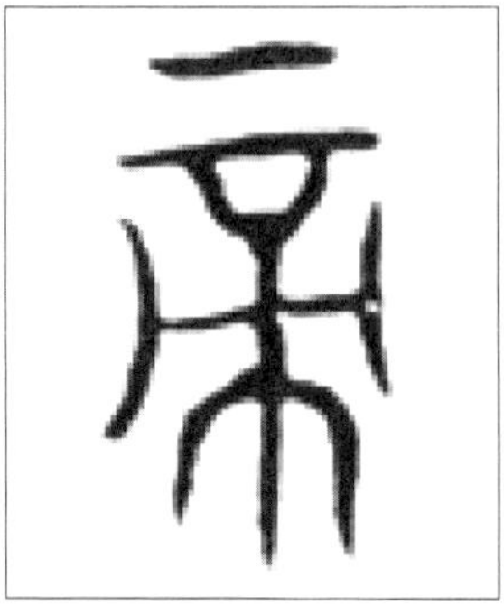

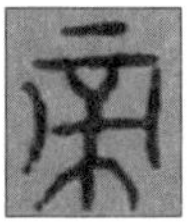

‘임금’이란 호칭을 나타내는 고대 문자에는 ‘王’과 ‘帝’가 있다.

‘王’은 전욱 고양 임금의 이름자에서 기원했고 ‘帝‘는 제곡 고신 임금의 이름자에서 기원했다.

고신 임금이 할아버지(소호 금천씨)와 아버지(교극)의 이름자를 이용하여 ‘辛’이라는 자기 이름자를 만들었는데 이 ‘辛’에서 파생된 문자가 ‘帝’자다.

도형으로 표시하면 ‘△→▽→▽→辛→帝’이 된다.

‘△’은 희화 주씨의 이름자이며, ‘△’을 상하로 뒤집은 ‘▽’은 희화주씨의 사위인 소호금천의 이름자이고 다음 ‘▽’은 소호금천씨의 ‘▽’을 좌우로 뒤집은 것으로 교극의 이름자이며 교극의 이름자 위에 ‘一’을 더해서 만든 것이 고신씨의 ‘辛’자다.

그리고 ‘辛’자에서 ‘帝’자가 만들어졌으므로 ‘帝’로 표시된 ‘임금’은 고신씨로부터 비롯되었다고 할 수 있다.

고대 조선은 모계중심의 사회로, 신농계와 황제계가 서로 결혼동맹을 맺고 안녕을 도모하고자 두 집안에서 교대로 임금을 맡아 국사를 처리했다.

신농 불임금이 제위를 사위인 소호금천씨(황제의 아들)에게 물려주고 소호금천씨는 다시 사위인 신농계 고양 임금에게 물려주었으며 고양 임금은 다시 사위인 황제계 고신에게 제위를 물려주었던 것이다.

029. 羊(양 양; 羊-총6획; yáng)

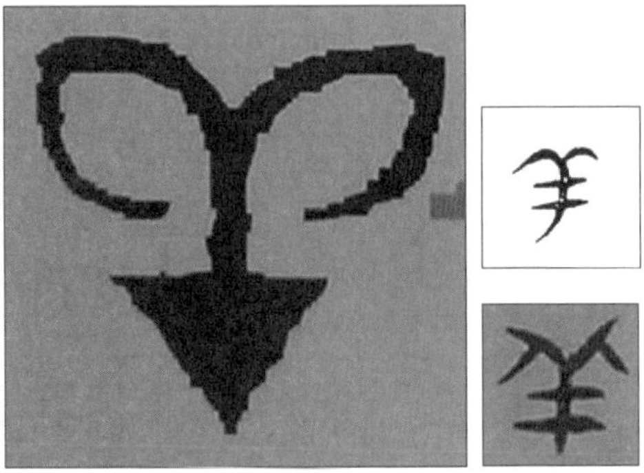

'양'은 넓은 들판을 한가로이 거닐며 풀을 뜯는 모습이 제격인데 순하디 순한 성질도 성질이거니와 털이며 가죽이며 고기며 젖이며 어느 것 하나 베풀지 않는 것이 없을 정도로 헌신적이다.

그래서 '양'일까?

'양'이라 하면 '양심(良心)'을 비롯해서 '태양(太陽)', '음양(陰陽)', '양지(陽地)', '선량(善良)' 등 좋은 이미지가 가득한데 '양'은 어떠한 이유로 '양'이란 이름을 갖게되었을까?

고대 조선인들에게 있어서 털이나 가죽, 고기, 젖을 선물하는 '양'은 특별한 짐승이었다. 하지만 고대 조선인들이 양에게서 주목했던 것은 머리의 두 뿔이었다.

위의 모습에서 보듯이 '羊'자는 양의 머리에 난 두 뿔이 특징이다. 아랫부분 '▼'은 양의 머리 모양인데 '△'과 같으므로 '三'으로 바꾸어 '羊'으로 표현한 것이다.

'뿔'은 하늘에 내린 '뿌리'이며 또 '불'이며 '밝'이며 '해'이며 '하늘'이었던 조선인들에게 있어서 '양'은 곧 태양이며 하늘이었다.

이런 이유로 고대 조선인들은 양을 토템으로 삼았다.

그래서 양족은 태양족이고 태양족이야말로 동양 문명을 연 주인공들이다. 동서양사를 막론하고 인류문명은 태양족의 존재로부터 기원했다는 것이 정설이다.

동양의 태양족은 바로 이 양(羊)을 토템으로 한 신농족이다.

고대 하늘제사(天祭)에 양이나 소를 희생으로 바친 까닭도 뿔을 가진 양이나 소를 하늘에 속한 짐승으로 보았다는 의미다.

030. 眞(참 진; 目-총10획; zhēn)

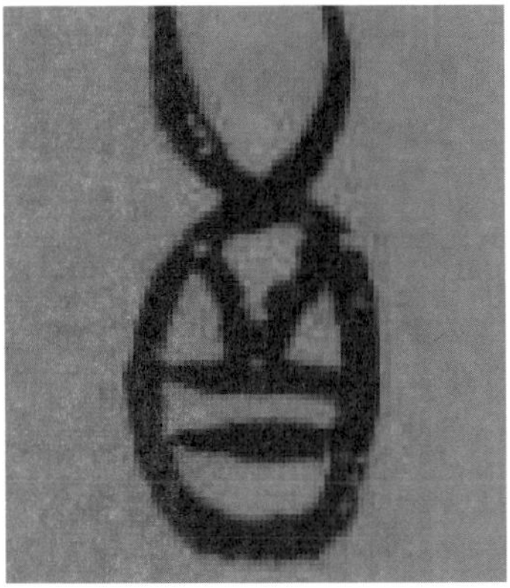

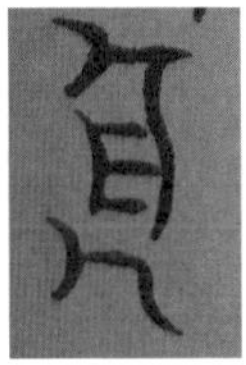

'진실'은 '거짓'의 상대어로, 꾸며내지 않은 있는 그대로의 것을 의미하는데, '진실'을 표현하는 문자가 '眞'이다. '참 진'이라고 풀이한다.

그리고 '참 진'을 고대 조선에서는 위와 같이 그렸다.

마치 빈 병에 물이 차오르는 듯한 모습으로, 우리말 '참'이 '(병에 물이) 가득 차다'와 관계가 있다는 것을 나타내며 위로 솟은 두 뿔은 채우는 것의 근본이 '하늘'이라는 의미다.

'참 진'의 '참'은 '하늘을 가득 채웠다'는 의미이고 그 음가 '진'은 '이르다', '도달하다' 즉 '다 찼다'는 의미다.

'나'라는 그릇에 사적인 것을 모두 비워버리고 텅 빈 그릇에 오직 하늘로 가득 채웠다는 것으로 '참', '진실'의 의미를 나타냈다.

누구든 '나'라고 하는 그릇에 하늘을 가득 채우면 그 상태가 바로 '眞'이다.

'眞'자를 통해서 우리는 이런 표현이 가능하려면 먼저 '하늘'을 알아야 한다는 것과 하늘의 존재 방식인 순환과 하늘의 상대로써의 땅 그리고 하늘과 땅 사이에서 살아가는 삼라만상에 대한 상호관계에 대한 이해가 잘 정립되어 있어야 한다는 것을 알 수 있다.

고대 조선인들이야말로 인류 역사상 최초로 하늘을 인식하고 하늘로부터의 순환 원칙에 따라 이 세상의 이치를 밝힌 문명족이라고 할 수 있다.

031 牛(소 우; 牛-총4획; niú)

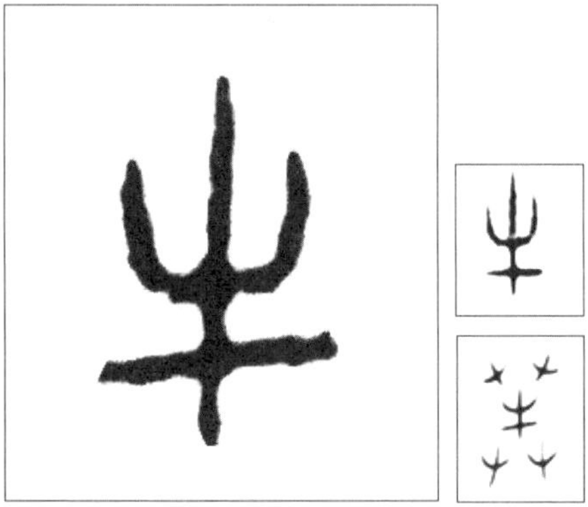

과거 농경사회에서 '소'는 농가의 힘든 일을 도맡아하는 큰 일꾼일 뿐 아니라 '소 키워 자식 공부시켰다'는 이야기가 종종 들릴만큼 농가에서 소는 살림의 밑천이었다.

'소'를 나타내는 문자에 '牛'자가 있다. 소를 의미하므로 '牛'자는 당연히 소의 모습을 이용해서 만들었을 것으로 생각하기 쉽다.

하지만 소에 대한 고대 조선인들의 생각은 달랐다.

'牛'자는 소의 모습이 아니라 '木'자의 윗 부분과 동일하다.

나무는 아래 땅으로 뿌리 뻗고 위 하늘로 가지를 뻗으며 자라는데, 소의 두 뿔을 하늘 향해 자라는 나무의 가지와 동일하게 보았던 것이다.

양이 그러한 것처럼 소 역시 두 뿔이 특징인 짐승이다.

두 뿔이 하늘을 향해 있는 것에 착안하여 소는 하늘을 상징하는 짐승으로 보았고 이 점을 강조하기 위해 '소(牛)'를 '우'라고 불렀던 것이다.

고대 조선에서 '우'는 '위', '하늘'을 나타내므로 소를 '우'라고 불렀다는 것은 소를 '하늘' 또는 '사물의 이치'와 같은 의미로 여겼다는 것을 말해준다.

물건(物件)을 나타내는 '物'과 '件'에 포함된 '牛(소)' 역시 '소'가 아니라 '하늘' 즉 '사물의 이치'를 나타낸다.

032. 鳥(새 조; 鳥-총11획; niǎo,diǎo)

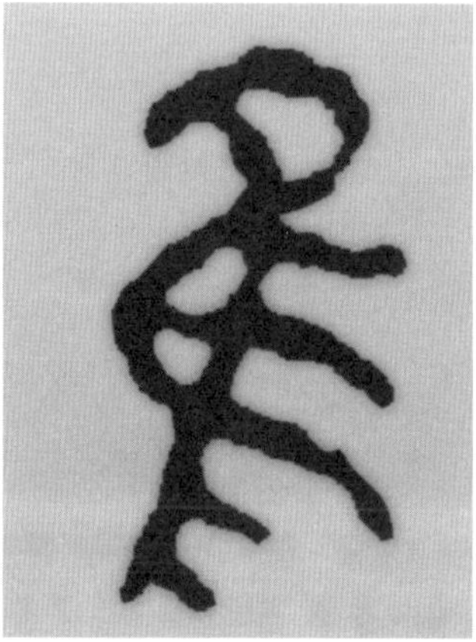

'새'를 나타내는 '鳥'자가 처음 만들어졌을 때의 모습이다.

새의 모습을 그대로 옮긴 것이므로 모양에 대해서는 더 이상의 설명이 필요 없다. 하지만 새를 이 모양으로 표현한 조선인의 새에 대한 생각, 새에 대한 관점은 무엇이었는지를 알기 위해서는 새를 왜 '조(鳥)'라고 부르는지를 알아야 한다.

한자의 음가에는 그 글자를 만든 사람들의 생각, 관념, 관점, 인식의 일단이 담겨 있기 때문이다.

'조'의 의미는 조상(祖上), 시조(始祖), 원조(元祖), 아침(朝) 등의 쓰임을 통해 알 수도 있는데 우리말 '조'는 '뿌리', '기원'을 의미한다.

따라서 새를 '鳥'로 쓰고 '조'라고 불렀다는 것은 무언가의 '뿌리', '기원'으로 보겠다는 것이므로 그것이 무엇인지를 또 생각해야 한다.

새는 하늘과 땅 사이를 날아다닌다. 위 하늘에서 아래 땅으로 날아온다. 하늘과 땅 사이가 새의 공간이므로 '새'라는 이름을 갖는다. '새'는 틈새, 사이라는 뜻이다.

하늘과 땅 사이에 사는 새는 땅에서 보면 언제나 하늘에서 내려오는 것이므로 '하늘에서 오는 것이 세상의 시작'이라는 의미에서 새를 '조'라고 불렀다.

세상 만물은 하늘에서 와서 이 세상에 존재하는 것이므로 세상에서 볼 때 하늘은 모든 존재의 뿌리가 되는 것이며 새는 하늘에서 땅으로 오는 것의 상징으로 보았던 것이다.

033. 土(흙 토; 土-총3획; tǔ)

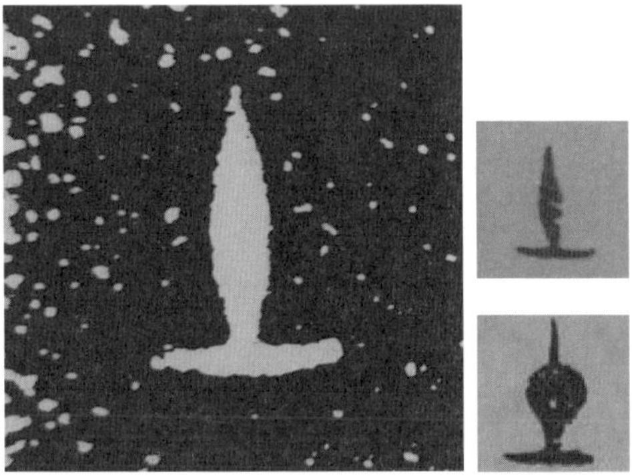

'흙'을 나타내는 조선의 문자 '土'의 옛 모양이다.

옛 문자를 대할 때에는 한번 쯤 '문자를 만든다면 나는 어떻게 표현했을까?'를 생각해보는 것이 좋다. 문자를 만든 사람들의 생각에 가까이 다가가는 방법이기 때문이다.

모양은 단순하지만 '土'자에도 역시 문자를 만든 주인공들의 '흙'에 대한 세심한 철학이 담겨 있다.

우선 '土'자는 땅 위로 돋아난 '싹'의 모양이다.

이것은 '싹'을 소재로 흙을 표현하는 것으로, 흙(땅)의 다양한 의미 중에서 '생산'과 결부시켜서 보겠다는 의도가 담겨 있다고 볼 수 있다.

그리고 그 의도는 '土'자의 '토'라는 음가에서 확인할 수 있다.

우리말 '토'는 '토하다', '토해내다'와 관련이 있다.

따라서 싹(土)의 모양과 '토'라는 음가를 참고로 흙(땅)을 설명한다면, 흙(땅)은 싹을 토해내는 바탕이 된다.

동양의 고전에서 말하는 천부지모(天父地母)의 사상을 그대로 담고 있다는 것을 알 수 있다.

흙(땅)의 속성은 다양하다. 그 다양한 속성 가운데 싹의 모양을 이용해서 '土'로 표현했다는 것은 생명을 낳고 기르는 흙의 미덕을 고려한 표현이라고 할 수 있다.

034. 弘(넓을 홍; 弓-총5획; hóng)

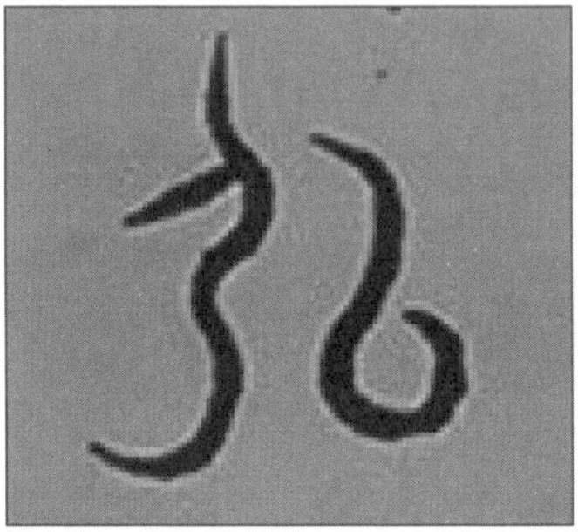

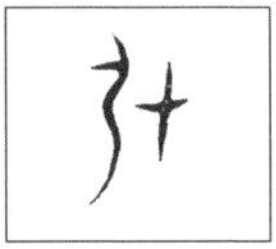

'弘'자의 고조선 때의 모습이다.

'弘'은 고대 조선의 건국이념으로 알려져 있으며 우리 겨레 전통의 뿌리 깊은 홍익(弘益)의 정신을 담고 있는 글자이므로, 이 모양을 통해서 '홍익'의 의미를 살펴볼 수가 있다.

'홍익(弘益)'의 '弘'은 '弓+厶'로 되어 있으며 '弓'은 '활 궁'으로 '활'을 나타내는데 고대 조선에서 '활'은 '해(태양)', '마음'의 상징이었다.

천부경의 '본심본태양(本心本太陽)'이란 표현은 해와 마음은 본질이 같다는 것으로, 이것이 조선 동이의 일관된 가치관이었다.

'厶'는 '사사로울 사'이며 '내려오다'라는 숨은 의미를 가지고 있다.

따라서 '弘'을 직역하면 '태양(弓)이 내려오다(厶)'라는 의미이므로 태양이 와서 하는 일을 생각해야 한다.

세상 만물은 해의 영향으로 살아간다. 해로부터 힘을 얻어 생명을 유지한다.

생명체가 생명을 유지함에 있어 절대적 필요충분조건이 태양인 것이다.

조선의 선인들은 그래서 태양이 내려와서 하는 일을 생명을 살리는 일로 여겼다.

‘弘’의 바탕은 ‘해가 내려와 하는 일은 많고 미치는 영역은 크다(넓다)’라는 것이며‘益(더할 익)’은 ‘크고 넓게 작용하는 해의 영향으로 세상이 차고 넘치다’. ‘해로 가득차다’. ‘해와 하나되다’, ‘하늘나라가 되다’라는 의미다.

‘홍익(弘益)’의 또 다른 표현이 ‘살림’이고 ‘살림살이’다. 본심본태양의 실천이다.

035. 無(없을 무; 火-총12획; wú,mó)

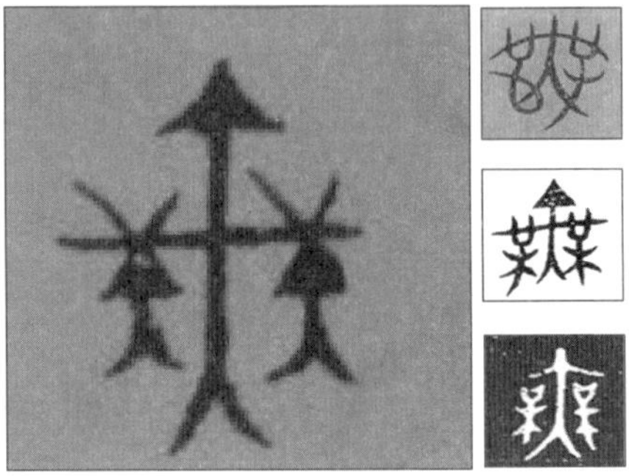

만일 오늘 우리가 '없다'라는 개념을 문자로 표현해야 한다면 어떤 방법이 있을까?

방법이 없지는 않겠지만 다행히도 4천 5백년 전에 앞서 고민한 선조들이 계셔서 우리의 짐을 덜어주셨다.

'無'는 고대 조선인들이 '없다'라는 개념을 나타내기 위해 만든 문자로, 글자의 모양과 내용은 '3개의 화살'이 전부다.

'화살 3개'

'3개의 화살'은 어떻게 해서 '없다'라는 의미를 나타내는 것일까?

고대 조선인들의 사유방식이나 상징 체계를 알지 못하면 접근하기조차 어렵다.

고대 조선인들에게 있어서 '화살'은 '햇살'의 상징이고 '셋'은 '많다', '무리'라는 의미였다. 그래서 '화살 셋'은 '많은 햇살'이 되고 '많은 햇살'로 나타내려는 '없음'은 '햇살이 너무 많아 볼 수가 없음'이었다. 햇살이 많으니 '눈이 부셔서' 볼 수가 없다는 것이 고대 조선인들이 생각한 '없다'라는 말의 의미다.

따라서 '無(없음)'의 의미는 원래 '존재하지 않음'이 아니라 '햇살이 많아서 (눈이 부셔서)볼 수가 없음'이다.

'無'의 '많다', '무리'의 의미는 '천부경'의 풀이에도 결정적인 단서가 되는데 이는 한자와 천부경이 동일한 정서에 바탕을 두고 있다는 것을 말해준다.

036. 日(해 일; 日-총4획; rì)

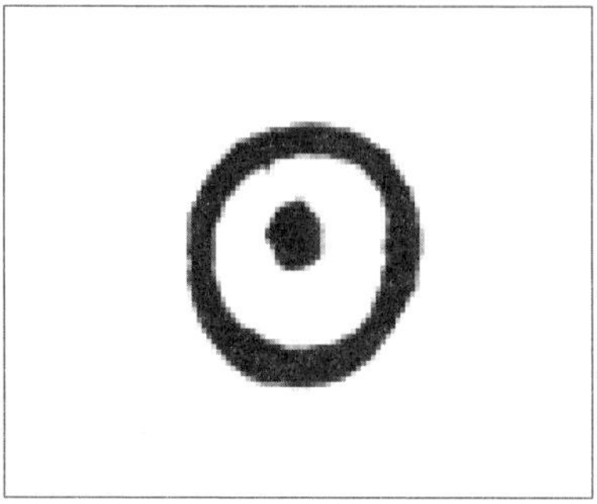

위의 모양은 '해'를 나타내기 위해 조선 동이가 만든 문자다.

해의 둥근 형상을 고려하여 둥근 모양으로 해를 나타낸 것이라고 할 수 있는데, 특이한 것은 해의 둥근 모양 중앙에 표시된 '•'의 존재다.

어떤 사람은 해 가운데 드러나는 '흑점'의 표시라고도 하지만 해 모양의 중앙에 표시된 '•'은 조선 동이가 주목한 '하늘'을 나타낸다.

조선 동이는 당시로써는 먼저 '하늘'을 알았던 사람들이었으므로 '해'를 나타내면서 '하늘(•)의 해(○)'라는 방식을 택했던 것이다.

'하늘'을 인식하는 방법에는 '무게'를 생각하는 방식도 있다. 세상의 모든 무게들은 오는 곳이 있고 또 향하는 곳이 있는데 그 무게들이 오고 가는 곳을 조선 동이는 '•'으로 표시하고 '하늘'이라고 불렀다.

홍익을 선포할 정도로 세상의 이치에 정통한 고대 조선 동이는 태양을 존중하되 하늘의 상징으로 여겼으므로 그 너머에 있는 '하늘'과 소통의 매개로 여겼던 것이다.조선에서 태양숭배 또는 태양신 등의 용어가 우리 문명, 문화에서 발견되지 않는 것은 그런 이유다. '해'에 대한 존중은 그 너머에 있는 '하늘'에 대한 경의와 신앙의 표현이었던 것이다.

037. 環(고리 환; 玉-총17획; huán)

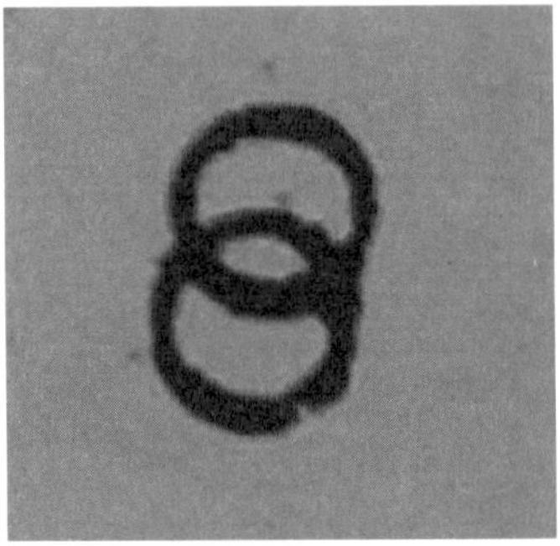

고대 조선의 문자를 이해하는 데에는 방법이 필요하다.

'環(고리 환)'의 경우 "고리를 왜 환이라고 하는가?"라고 생각하는 것이 조선 동이의 생각을 읽어내는 비결이다.

'고리'를 왜 '환'이라고 했을까?

이 말은 '고리'와 '환'의 공통점은 무엇일까를 생각하라는 말과도 같다.

'고리'는 익히 알고 있는 '문고리'의 고리와 같이 둥근 모양이며 '환'은 '환하다'의 환이다.

'둥근 모양의 환한 것'으로 표현된 '環'의 바탕은 '해'를 의미한다. 해의 둥근 모양과 해의 밝음을 소재로 '고리'를 '환(環)'이라 한 것이다.

위는 '環'의 고조선 때의 모습인데 특이한 것은 '環'이 두 개의 둥근 모양으로 되어 있다는 점이다. 해는 하나의 상징인데 두 개의 해처럼 둥근 모양은 무엇일까?

'環'의 옛 모양에서 두 개의 둥근 고리는 천부경 '성환오십(成環五十)'의 이해에 결정적인 단서가 된다. '環'은 두 세계를 의미하고 두 세계는 마음(本 心)과 태양(本 太陽)이 중심이 되는 두 영역을 의미한다.

'環'의 옛 모양이 천부경에서 말하는 두 세계를 공유하고 있다는 것은 고문자와 천부경이 옛 조선 동이로부터 기원하였다는 것을 의미한다.

이런 이유로 조선 동이에게 있어서 '고리'는 하나가 아니라 둘이어야 했던 것이다.

우리말의 '우리'가 '둘' 이상의 공동체적 의미를 포함하고 있는 것과 같은 정서다.

038. 月(달 월; 月-총4획; yuè)

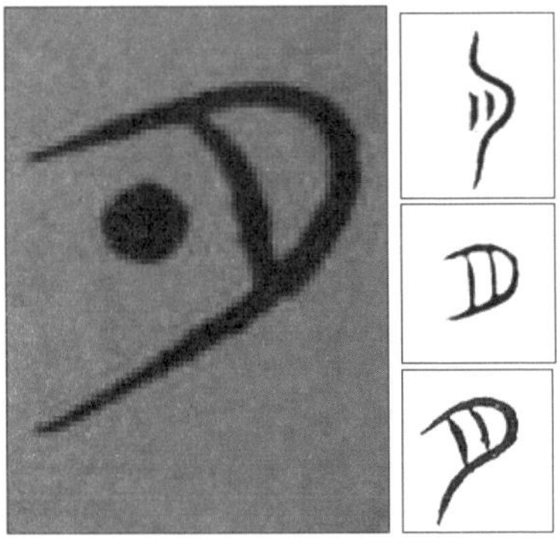

낮에는 해 밤에는 달이다.

이것은 천지창조 이래 변함이 없는 사실이다.

그리고 해와 달은 그 상징성을 발휘하며 문자에 투영되는데, 해가 둥근 모양의 특징을 이용해서 둥글게 표현되었다면 달은 좀 달랐다.

달은 하루도 모양이 같지 않다. 조금씩 이지러졌다가 다시 회복하기를 반복하니 모양을 위주로 한다면 달의 어느 모습을 취할 것인가?

그래서 착안한 것이 위의 모양이다.

위의 모양을 보고 먼저 알 수 있는 것은 달의 모양이 아니라 허공으로 달아나는(날아가는) 듯한 모양이라는 것이다.

'月'자의 정체는 '月'의 풀이인 '달 월'에 비밀이 있다. '달 월'은 '달'을 '월'이라고도 한다는 것이며, '월'은 '훨'과 관계가 있다.

'훨훨'이라는 말에서는 무언가 허공을 향해 한없이 날아가는 의미를 느낄 수 있다. 여기에 비해 '월'은 허공으로 저만치 떨어져 나갔다는 의미를 나타낸다. 그래서 담장을 뛰어 넘는 것을 '월담'이라고 표현한다.

달은 육지로부터 저만치 떨어져 '달아난' 것이다. 그래서 '달'이다. '달을 월'이라 하는 것은 '저만치 달아나 머물러 있다'라는 의미다.

039. 井(우물 정; 丶-총5획; jǐng)

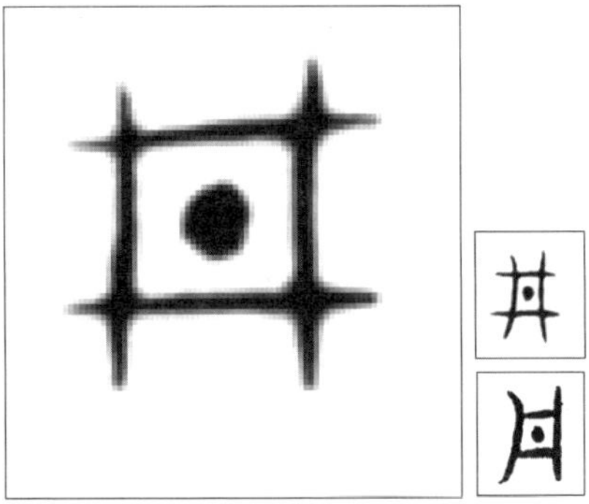

위에서 아래로 흐르는(내려오는) 것이 물의 본성이다. 아래를 향해 내려가는 것으로는 세상에서 으뜸으로 꼽을 만큼 물의 속성은 자연계에서도 상징적이다.

이처럼 위에서 아래로 흐르는 속성 때문에 물은 언제나 위 어딘가에서 먼저 만들어져야 한다는 당위성을 갖게된다.

그렇다면 물은 위 어디에서 처음 만들어지는 것일까?

위로 위로 올라가면 하늘이 있으므로 물은 하늘 어디에서 만들어진다고 할 수 있는데 그곳은 하늘 어디일까?

조선 동이 선인들은 세상의 물은 맨 처음 북두칠성의 국자모양에서 만들어진다고 생각했다.

북두칠성이 북극성을 중심으로 하루 한바퀴 돌면서 북두칠성의 국자모양이 천상의 물을 떠서 세상으로 붓는다고 생각했다.

이 물이 하늘의 은하수를 이루고 곤륜산에서 땅과 만나 동쪽을 향해 흐르는데(西出東流) 이 물을 '황하(黃河)'라고 불렀다.

황하 어귀에 있는 '천진(天津)'은 '하늘 나루'라는 의미로, 황하가 하늘에서 오는 물이라는 것을 의미한다. '천진(天津)'은 이곳에서 배를 타면 하늘에 이른다는 의미에서 붙여진 이름이다.

'井'자는 북두칠성의 머리 네 별을 격자로 연결한 모양으로, 이 모양(井)으로 '우물'을 나타내는 것은 세상에서의 물이 북두칠성의 머리 국자모양에서 시작되는 것으로 보았다는 것을 의미한다.

물은 아래로 흐르는 것이 본성이다. 하지만 우물이나 샘물은 위를 향해 솟는 것이 특징이다.

따라서 물의 본성을 거스린듯한 이 물을 설명하기 위해 동이의 선인들은 작명법을 사용했다. 그래서 탄생한 이름이 '우물'이다. '우물'은 '위의 물', '위 하늘의 물'이란 뜻이다.

비록 땅에서 솟아오르지만 이 물은 우(위) 하늘에서 온 물이라는 의미로 보았던 것이다.

040. 朝(아침 조; 月-총12획; zhāo,cháo)

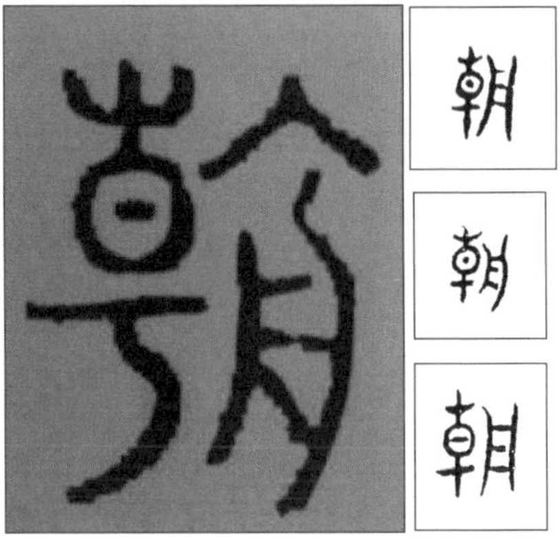

조선(朝鮮)의 국호 '朝'의 옛 글자다. 좌변에 '屮'과 '해(日)'와 해를 받든 모양이 보이고 우변 윗 부분에 'ㅅ'이 보이며 그 아래 사다리 모양의 '舟'자가 보이는데 'ㅅ'은 점차 사라져서 지금은 보이지 않고 '舟'는 지금은 '月'로 되어 있다.

따라서 '朝'의 '아침'이라는 의미를 알기 위해서는 먼저 '日(해)'과 'ㅅ'과 '舟'의 정체를 알아야 하는데, 먼저 'ㅅ'은 '宀(집 면)'자로 '집'이라는 구조물 또는 선조의 위패를 모신 '사당'을 나타내고 그 아래 '舟'는 사당의 술잔 또는 사당에서 술잔을 올리는 사람을 나타낸다.

'朝'자의 이해를 위해서는 '倝(해돋을 간)'자의 도움이 필요하다. '倝'자는 '朝'에서 '舟'를 생략한 모습으로, '해가 뜰 때면 어딘가 가는 곳이 있다'는 의미에서 '간'으로 부른다. '해돋을 간'은 '해가 돋을 때 가는 곳이 있다'는 의미다.

'倝'으로부터는 '해가 돋을 때면 가는 곳'이 있다는 것을 알 수 있고 따라서 '해돋을 때 의례히 가는 곳'을 찾아야 하는데 지금도 방방곡곡의 종가(宗家)에서는 아침 해뜰 무렵이면 조상을 모신 사당을 찾아 문안을 드리는 것이 종부의 일과다.

'𠦝'자 아래에 놓인 '月'은 '舟'의 변형으로, '舟'는 '술잔'이며 최초 술잔을 올린 사람인 정옥 고양씨의 이름자다. 우리 종가에서 아침마다 사당에서 문안 올리는 것은 이미 고대 조선에서부터 시작된 전통이라고 할 수 있다.

'朝'가 '조선(朝鮮)'의 나라 이름으로 쓰였음을 감안하면, 사당은 종묘가 되고 고양 임금이 종묘에서 술을 따라 올리면서 시작한 왕조가 바로 조선이라는 것을 의미한다. 조선의 즉위식은 이처럼 종묘에서 진행된 하늘과 선조에 대한 신고식이었다.

제 4 장

조선(朝鮮)의 신성문자(Ⅲ)

- 한글 -

1. 한글에 대하여

우리글 한글에 대해서는 세종대왕, 훈민정음(訓民正音) 등으로 인한 강력한 선입견 때문에 다른 기원을 말한다는 것이 쉽지 않다.

자칫 훈민정음을 훼손하거나 세종대왕을 모욕하는 것으로 여기는 이들이 있어 매우 조심스럽기도 하다.

그럼에도 불구하고 한글에 대한 새로운 견해를 말하지 않을 수 없다. 그것이 결국에는 우리를 위하고 한글을 위하며 인류를 위하는 일이 될 것으로 생각하기 때문이다.

훈민정음에서는 우리 한글이 발성기관을 모방해서 만들었다고 주장한다.

그렇다면 그렇게 만든 우리 문자 '가', '나', '다' 등의 의미를 만든 원리대로 풀이할 수 있어야 한다. 하지만 훈민정음의 제자원리를 가지고는 우리말의 '손', '발', '눈', '입' 등의 의미도 풀이할 수 없다.

한글의 기원은 발성기관을 본떠서 만든 것이 아니기 때문이다.

동양의 역사와 철학과 문자를 탐구해보면 우리 한글은 앞에서 소개한 한자의 기초 14자를 토대로 만들어진다.

한글이 한자의 기호체계를 이용해서 만들어진다는 것은 한자와 한글이 동일 주체에 의해서 함께 만들어졌다는 것을 의미한다.

그리고 이것은 조금만 생각해보면 누구라도 짐작할 수 있는 일이기도 하다.

한자는 보통 모양(形)과 소리(音)와 뜻(意)의 3요소로 구분하는데, 이 가운데 '소리(音)'는 우리 한글이 아니면 표기할 수가 없다.

한자를 만들 때 이미 '한글'적 요소가 포함되어 있는 것이지만 한글은 '소리'나는 대로 다 적을 수 있는 즉 소리와 문자가 일치하는 유일한 문자이므로 굳이 한글로 표현하지 않고도 소리만으로 그 의미를 알 수가 있는 것이다.

우리는 '天'자를 보면 '하늘 천'이라고 '하늘'과 '천'을 동시에 떠올린다.

'하늘'은 개념어이기 때문에 어차피 머리로 인식해야하고 '天'은 모양이므로 눈으로 인식해야 하며 '천'은 한글로 표기됨으로 그 음가(音價)를 알아야 하는데 우리말과 한글은 성조(聲調)와 음가(音價)가 100% 일치함으로 굳이 한글로 표기하지 않고 말 만으로도 그 의미를 아는 것이 우리말과 한글의 특수한 관계다.

한자를 만든 사람들이 한글을 만들고 한글을 만든 사람들이 한자를 만들었으므로 한자와 한글 속에는 문자를 만든 사람들의 가치관, 세계관이 담겨 있으며 이러한 이유로 한글을 알 수 있는 정보가 한자에는 가득하다.

모든 한자가 한글의 도움을 받아 비로소 문자로 존재한다고 말할 수 있을 정도다.

그래서 선입견을 버리고 한자와 한글을 있는 그대로 보려는 노력이 필요하다.

한자 속에 한글이 담겨있다는 주장에 대하여 동의하지 못하는 분들이 있을 수 있겠는데, 한자를 깊이 탐구해보면 한자와 한글은 동일한 주체에 의해서 만들어졌다는 것을 실감할 수 있다.

앞에서 한자의 기초 14자를 소개한 바 있는데, 우리의 자랑스런 한글 또한 이 기초 14자 기호체계를 활용하여 만들어진다.

이것은 조금만 신중하게 생각해보면 누구나 쉽게 알 수 있는 자연스러운 일이다.

반도체를 만들 수 있어야 우주선을 만들 수 있는 것처럼 한자를 만들 정도의 역량을 가진 주인공들이 한글도 만들 수 있는 것이지 어느 특정한 시기에 '한자'를 만든 주체들이 따로 있고 무려 4천년 가까이 지난 또 다른 시대 또 다른 주체들에 의해서 불쑥 '한글'이 만들어진다는 것은 인정하기 어렵다.

한자의 구성 요소 가운데 하나가 '소리'인데 이 소리를 표기할 수 있는 방법은 '한글'이 유일하다는 점도 한글의 기원을 훈민정음(訓民正音) 이전으로 볼 수 밖에 없는 요인이라고 할 수 있다.

한자와 한글을 만든 주인공은 동일 주체로써 바로 조선의 동이족이다.

이제 한자의 기초 14자에 근거하여 우리의 한글이 어떻게 만들어지는지 살펴보기로 한다.

2. 한글의 기원

한글의 기원에 대해서는 훈민정음(訓民正音) 해례본(解例本)에 소상하게 설명되어 있다고 하므로 훈민정음 혜례본을 잘 탐구하면 누구라도 우리글의 의미를 잘 알 수 있어야 한다.

하지만 오늘 우리의 한글에 대한 이해는 참으로 미미하다.

예를들어 우리 인체의 '손'을 'ㅅ+ㅗ+ㄴ'으로 써놓고도 'ㅅ+ㅗ+ㄴ'으로 표현된 '손'이 무엇을 의미하는지 우리는 알지 못한다.

'ㅂ+ㅏ+ㄹ'로 구성된 '발'도 그러하고 '입', '코', '귀', '눈'이 모두 그러하다.

이유는 훈민정음(訓民正音) 해례본(解例本)의 설명이 불완전하기 때문이다.

'훈민정음'이라는 이름에서는 '정음(正音)'이라는 표현을 주목할 필요가 있는데, 이것은 한자의 지나식 발음에 가깝게 발음하기라는 의미가 담겨 있다.

따라서 '훈민정음(訓民正音)'이라는 이름으로부터는 우리글의 '성조(聲調)'에 대한 이해를 기대할 수 있을 뿐 우리 글이 담고 있는 의미는 별개의 문제라는 것을 알 수 있다.

사실 한자에서도 가장 접근하기 어려운 부분이 '음가(音價)'라고 할 수 있을 만큼 한자의 음가는 난이도가 최상인 고급 지식에 속한다.

어쩌면 한자에 음가를 부여하는 작업은 우주의 최초 창조에 이어 두 번째 천지창조라고 일컬어도 손색이 없을만큼 엄청난 일이라 할 수 있다.

생각해보자.

어느 날 인류에게 '하늘'이라는 인식이 일어났고 그 하늘을 '天'이란 모양으로 나타냈으며 이것(天)을 '천'이라는 말로 불렀다면 이 주체는 거의 '전부'를 아는 사람이어야 한다.

특히 무언가를 '천'으로 나타내려면 'ㅊ'과 'ㅓ'와 'ㄴ'만 알아서 되는 것이 아니고 'ㄱ~ㅎ' 그리고 'ㅏ~ㅣ'를 완벽하게 구사할 수 있는 정도의 지적 역량을 가지고 있어야 하며 더 나아가 초성, 중성, 종성으로 구분해서 다시 3차원의 이해가 가능한 사람이어야 한다.

지금까지 누구도 한자의 '음가'를 주목해서 탐구한 사람이 드물다고 할 정도로 한자의 음가를 표현하는 우리글에 대해서는 아는 이가 없다고 해도 과언이 아닐 정도다.

실상이 이러하다 보니 '한자는 뜻글자이므로 소리는 의미가 없다', '한글은 소리글자이므로 모양은 의미가 없다'라는 거짓이 백주에 버젓이 행세하는 세상이 되어 버렸다.

문자의 3요소는 모양과 소리와 뜻이라는 것이 정론인데 한자로부터는 소리를 무시하고 한글로부터는 모양을 무시하니 이런 풍토에서 어떻게 제대로된 문자 공부가 가능하겠는가?

세상의 모든 문자는 '뜻글자'이면서 동시에 '소리글자'다. 특히 '소리'와 연결되지 못하면 그것은 문자가 아니다. '글자'와 '그림'의 차이는 소리와의 연결이 관건이다.

우리글 한글에 관해서는 이제 처음부터 다시 시작해야 한다.

그간의 주장들은 잠시 제쳐두고 원론으로 돌아가서 처음부터 다시 보아야 한다.

"훈민정음 이전에는 한글이 없었는데 어디가서 한글을 배운다는 말인가?"라고 불평하는 사람이 있을지도 모르겠지만 이 또한 기우에 지나지 않는다.

세종대왕의 훈민정음 이전에 이미 한글이 존재했을 것으로 여겨지는 한글의 흔적(字形)이 지구촌 곳곳에서 발견되고 있기 때문이다.

한글의 실체에 다가가기 위해서는 현재로써는 한자를 주목하는 것이 최상의 방법이다.

한자에는 한글을 만들어 한자의 음가를 나타내는 방편으로 사용한 주체들의 흔적이 남아있기 때문이다.

한자는 글자마다 하나 이상의 음가를 가지고 있는데 이 한자의 음가를 표현하는 방법이 바로 한글이었던 것이다.

그뿐 아니다. 한자를 만드는 밑그림과 같은 원리가 그대로 한글에도 고스란히 담겨 있다는 것을 알 수 있다.

수많은 한자를 만들 때 참고했을 것으로 추측되는 설계도(원리)는 '하늘'과 '하늘과 땅(음양)'과 '하늘과 땅과 만물(천지인)'이다. 그런데 이러한 원리가 한글에서도 고스란히 발견되고 천부경에서는 첫머리에 선언적으로 등장한다.

이런 이유로 '천부경'과 '한자'와 '한글'은 하나의 주체에 의해서 완성된 인류 최고의 작품이라고 하는 것이다.

또 같은 이유로 천부경과 한자를 알면 한글을 알 수 있고 천부경과 한글을 알면 한자를 알 수 있으며 한자와 한글을 알면 천부경을 알 수 있다고 말하는 것이다.

한글을 알기 위해 한자로 돌아가자고 주장하는 배경이기도 하다.

한자에는 한글을 아는데 필요한 중요한 정보가 담겨 있는데 '음양(하늘과 땅)'과 '천지인(하늘과 땅과 만물)'에 대한 기호체계가 바로 그것이다.

한자에서는 '음양(하늘과 땅)'을 'ㅣ'과 'ㅡ'로 표현하고 있으며 '천지인(하늘과 땅과 만물)'을 '○□△', '一二三', '丶冫氵'로 표시하는데 이 기호 체계가 그대로 한글의 기호가 된다.

이것은 기호문자에 관한 것으로 한자와 한글이 공히 공유하고 있다는 것을 의미한다.

따라서 이 체계를 우리의 한글에 적용하면 우리의 초성자(子音)14자는 두 개의 기원을 가지고 있으며 두 개의 기원이란 음양과 천지인을 말한다.

음양을 기호로 나타내면 'ㅣ'과 'ㅡ'이 되는데 이로부터 우리 초성자 'ㄱ', 'ㄴ', 'ㄷ', 'ㄹ'이 탄생하고 천지인을 도형으로 나타내면 '○□△'이 되는데 이로부터 'ㅇ', 'ㅁ', 'ㅅ'과 다시 'ㅇㅎㅎ', 'ㅁㅍㅂ', 'ㅅㅈㅊ' 등이 탄생한다.

이제 우리 한글의 초성자의 기원을 둘로 나누어 살펴보기로 한다.

1) 초성자(자음) ㄱㄴㄷㄹ의 기원

한글 초성자(자음)의 첫머리에 등장하는 4개의 기호는 'ㄱ', 'ㄴ',

'ㄷ', 'ㄹ'이다.

이 4개의 기호는 'ㅣ'과 'ㅡ' 두 기호의 결합으로 이루어진다.

'ㅣ'은 음양(陰陽)의 상대적 관계에서 '양'을 나타내고 'ㅡ'은 '음'을 나타낸다.

그리고 '음양'의 원형은 '하늘과 땅'이다.

따라서 'ㅣ'은 '하늘'과 '양'을 나타내고 'ㅡ'은 '땅'과 '음'을 나타낸다.

'ㅣ'과 'ㅡ'의 이러한 의미를 바탕으로 'ㄱ','ㄴ','ㄷ','ㄹ'이 만들어지기 때문에 이들 'ㄱ','ㄴ','ㄷ','ㄹ'에는 원초적으로 '하늘'과 '땅'과 '하늘과 땅'의 의미가 담겨 있다.

이것을 정리하면 다음과 같이 표현할 수 있다.

① ㄱㄴㄷㄹ의 출현

- ⇒ ㅣ, ㅡ
- ⇒ ㅣ, ㅡ ⇒ ㄱ, ㄴ, ㄷ, ㄹ

② ㄱㄴㄷㄹ의 구조

ㄱ = ㅡ+ㅣ

ㄴ = ㅣ+ㅡ

ㄷ = ㅡ+ㅣ+ㅡ

ㄹ = ㅡ+ㅣ+ㅡ+ㅣ+ㅡ

2) 초성자(자음) ㅇㆆㅎ ㅁㅍㅂ ㅅㅈㅊ ㅋㅌ의 기원

① ㅇㆆㅎ ㅁㅍㅂ ㅅㅈㅊ의 출현

• ⇒ ○ □ △

• ⇒ ○ ⇒ ㅇ, ㆆ, ㅎ

□ ⇒ ㅁ, ㅍ, ㅂ

△ ⇒ ㅅ, ㅈ, ㅊ

② ㅋ=ㄱ+ •

ㅌ=ㄷ+ •

3) 중성자(모음)의 기원

중성자의 기원과 관련해서는 훈민정음 해례본의 견해를 살펴보는 것이 도움이 된다.

훈민정음 해례본에서는 '•'과 'ㅡ'과 'ㅣ'을 '천지인'의 기호로 설명하고 있는데 백자초문식 한자학습의 관점에서 보면 '•'은 하늘, 우주의 상징이고 'ㅡ, ㅣ'은 음양의 짝의 관계를 상징한다.

다시 말하면 음양의 짝의 관계로 보아야할 기호를 천지인의 논리로 본 착오가 오늘 우리나라 훈민정음 공부의 맹점이라고 할 수 있다.

이제 훈민정음 해례본에서 '천지인'의 기호로 본 '• ㅡ ㅣ'을 다시 정리하면, '•'은 하늘의 상징으로 여기서는 '작용'을 나타내고 'ㅡ'과 'ㅣ'은 '음양(陰陽)의 서로 상대적 관계를 나타낸다. 따라서 'ㅣ'과 'ㅡ'에 '•'을 가미하여 만드는 'ㅏ와 ㅓ', 'ㅗ와 ㅜ', 'ㅑ와 ㅕ', 'ㅛ와 ㅠ'는 모두 서로 상대적 의미를 나타내게 된다.

음양의 관계를 천지인적 관계로 본 착오가 한글에 대한 이해를 어렵게 만든 원인이라고 할 수 있다.

① 기본 요소

•

ㅣ, ㅡ

② 중성자(모음)의 출현

ㅣ+ • = ㅏ	ㅏ+ㅏ=ㅑ
• +ㅣ = ㅓ	ㅓ+ㅓ=ㅕ
• + ㅡ= ㅗ	ㅗ+ㅗ=ㅛ
ㅡ +• = ㅜ	ㅜ+ㅜ=ㅠ

3. 한글의 의미

1) 초성자(자음)의 의미

① ㄱ

① 하늘(ㅡ)에서 땅으로 내려가다(ㅣ)
② 하늘(ㅡ)에서 땅으로 내려오다(ㅣ)
③ ~에서 ~로 가다
④ 이동하다

② ㄴ

① 하늘에서 내려와서(ㅣ) 땅(ㅡ)에 있다
② 하늘에서 와서(ㅣ) 땅(ㅡ)에 있는, 나와 있다
③ 나오다
④ (새싹이 돋아) 나다

③ ㄷ

① (하늘에서 와서) 땅(ㅡ)에서 다시 하늘(ㅣ)로 돌아가다(⊃)
② (하늘에) 닿다
③ (땅에 올 때 다시 하늘로 가는 것이 목적이었으므로) 되었다

④ ㄹ

① 위 하늘에서 아래 땅으로, 땅에서 다시 아래로 계속해서 진행하다
② 하늘에서 내려와 굽이굽이 세상을 돌아 다시 하늘로 돌아가다
③ ㄹ=ㄱ+ㄴ+ㄷ
④ 흐르다

⑤ ㅁ

① ㅁ은 '천지인'의 기호인 '○□△'에서 두 번째인 □에서 기원
② ㅁ은 '천원지방(天圓地方)'에서의 地(땅)의 상징
③ ㅁ(땅)은 ㅇ(하늘)의 짝, 상대
④ 큰 하늘(ㅇ)의 짝이므로 땅(ㅁ)도 크다
⑤ 하늘은 양(陽, ㅣ)이므로 땅(ㅁ)은 음(陰, ㅡ)

⑥ ㅂ

① ㅂ은 ㅁ 위에 두 개의 기둥(↑↑)을 세운 모습
② ㅂ은 땅(ㅁ)에 담긴 하늘의 속성
③ (땅에서 하늘을) 향하다, 바라보다, (고개를 들고) 위를 보다
④ 땅에 있는 하늘의 속성(불, 밝다, 빨갛다 등)

⑦ ㅅ

① ㅅ은 '○□△(천지인)' 가운데 세 번째인 △에서 기원

② (위 하늘에서 아래 땅으로) 수그리다, 내려오다
③ (아래에서 위로) 솟다, 솟아오르다
④ (하늘에서 땅으로 내려와) 새롭게 시작하다, 살아가다
⑤ 사다리처럼 내려오고 올라가는 상하작용을 나타냄

⑧ ㅇ

① ㅇ은 '○□△(천지인)' 가운데 첫 번째인 ○에서 기원
② ㅇ은 천원지방(天圓地方)에서의 하늘의 둥근 모습
③ ㅇ은 변화하고 작용하는 하늘의 속성을 상징

⑨ ㅈ

① ㅈ은 ㅅ에 ㅡ을 더한 모습
② (하늘에서 온) 만물의 몸, 형상
③ 땅에서의 새로움, 시작, 뿌리

⑩ ㅊ

① ㅊ은 ㅅ에 二를 더한 모습(ㅅ→ㅈ→ㅊ)
② (하늘에서 온) 만물이 가진 하늘의 속성
③ 하늘을 지향하다,
④ 차다 = 전체와 하나 되다(가득 차다)

⑪ ㅋ

① ㅋ은 ㄱ에 ㅡ(·)을 더한 모습
② ㄱ의 의미를 더욱 강조하는 표현
③ ㄱ은 하늘에서 땅으로 가다, 하늘에서 오다, 하늘이 오다
④ 크다 = 하늘만 하다, 하늘 쪽으로 더 가까이 다가가 있다

⑫ ㅌ

① ㅌ은 ㄷ에 ㅡ(·)을 더한 모습
② ㄷ의 의미를 더욱 강조하는 표현
③ ㄷ은 땅에서 하늘로 돌아가다, 목적지로 돌아가다, 도달하다
④ 타다 = 목적지로 가다, 뿌리를 향하다
⑤ 차를 타다, 불이 타오르다, 커피에 설탕을 타다

⑬ ㅍ

① ㅍ은 ㅁ에 수평으로 두 개의 기둥(二)을 더한 모습(ㅁ→ㅍ→ㅂ)
② ㅍ은 땅(ㅁ)에 담긴 땅의 속성
③ 땅에 나란히 가다
④ 파다 = 땅을 새롭게 하다, 새 땅을 찾아내다
⑤ 평평하다

⑭ ㅎ

① ㅎ은 ㅇ에 두 획(二)을 더한 모습(ㅇ→ㆆ→ㅎ)
② ㅎ은 하늘의 하늘 즉 정신적 가치의 상징
③ 하다 = 하늘이 하는 것처럼 하다

2) 중성자(모음)의 의미

의미 없는 글자는 없다.
따라서 우리의 중성자(모음) 또한 고유한 의미를 갖는다.

ㅣ : 위 하늘에서 내려오다, 하늘, 내려옴
ㅡ : 내려와 누워 있다, 땅, 누워있다
• : 하늘의 하늘, 작용

ㅏ : 하늘에서 내려와 오른 쪽(성장, 발전)으로 가다(양의 방향)
ㅑ : ㅏ의 중첩
ㅓ : 하늘에서 내려와 왼쪽(멈춤, 회귀)으로 가다(음의 방향)
ㅕ : ㅓ의 중첩
ㅗ : 땅에서 하늘을 향하다, 천지합일
ㅛ : ㅗ의 중첩
ㅜ : 땅에서 다시 아래로 내려가다(회귀하다)
ㅠ : ㅜ의 중첩

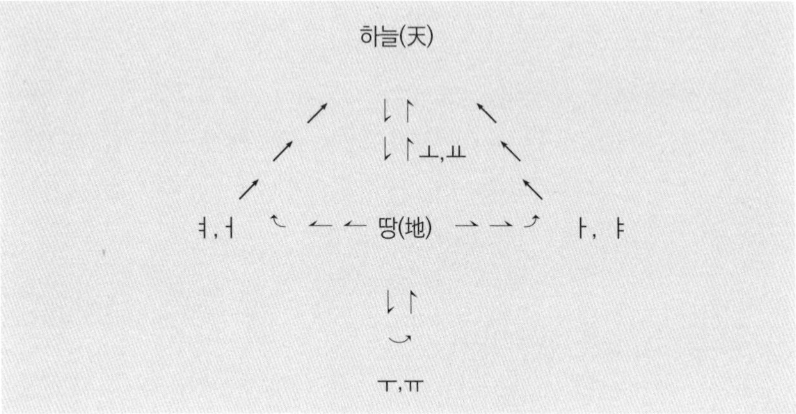

중성자(모음)의 방향성과 의미

4. 한자에 담긴 한글

한자와 한글이 동일한 주체에 의해서 만들어졌다는 것을 뒷받침하는 사례들이 한자의 옛 모습에서 발견된다.

다음은 한자의 옛 모습에서 찾을 수 있는 한글의 흔적들이다.

① ㄱ

'ㄱ'은 훈민정음(訓民正音)에서 말하는 초성자(자음, 닿소리)의 첫 번째로 꼽히는 글자로, 훈민정음은 고대 문자의 음가를 바르게 표현하기 위해 만든 또 다른 문자다.

그런데 고대 문자에서 우리의 초성자(자음) 'ㄱ'의 모양과 의미가 동일한 문자의 흔적이 고대 문자에서 발견된다.

더욱이 주목할 만 한 것은 이 'ㄱ'자 모양의 고대 문자는 지금 우리가 한자라고 부르는 문자에서는 정체가 불명인 문자다.

다시 말하면 한자 어디에서도 언급하지 않는 기호 문자가 한자에 담겨있는데 이것의 모양이 우리의 초성자(자음) 'ㄱ'을 그대로 빼닮은 것이다.

다음은 'ㄱ'을 담고 있는 고대 문자들이다.

今(이제 금)의 옛 글자
글자의 아랫부분에 'ㄱ'의 모습이 보인다.

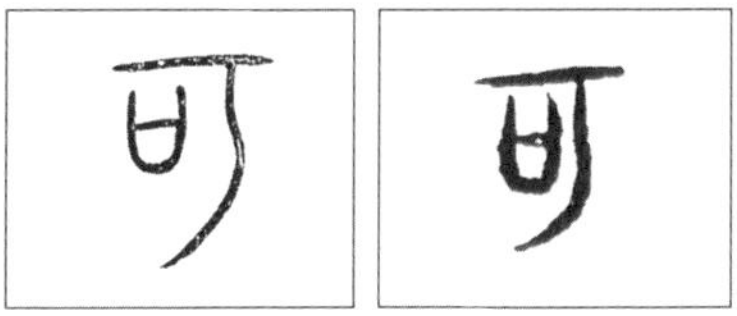

可(옳을 가)의 옛 글자
글자의 위 우측부분이 'ㄱ'이다.

甬(길 용)의 옛 글자
글자의 윗부분이 'ㄱ'이다.

年(해 년)의 옛 글자, '禾+ㄱ'으로 되어 있다.
벼(禾)농사로부터 한 해의 의미를 가져다 쓴다는 의미
모양과 의미가 'ㄱ'과 동일하다.

고대 문자에 담겨 있는 'ㄱ'의 의미는 '(하늘이) 가다', 또는 '(하늘에서) 가다'라는 뜻이다.

따라서 훈민정음에서 말하는 'ㄱ'의 의미 또한 이와 다르지 않을 것이다.

'ㄱ'은 모양 그대로 윗부분의 'ㅡ'은 '하늘'을 나타내고 'ㅣ'은 '위에서 아래로 내려온다'는 의미를 나타낸다.

따라서 'ㄱ'은 '하늘에서 땅으로 가다'라고 풀이할 수 있다.

우리말의 의미를 살펴보는 방법 가운데는 단음절어의 뒤에 '+다'를 붙여보는 방법이 있다. 우리말 '다'는 '전부', '온통' 등의 의미로 쓰이므로 '가'에 '다'를 더해보면(+) '가다'가 된다. '가'의 의미를 전부 다 모으면 '가다'가 된다는 말이다.

이것은 'ㄱ'이 태생적으로 '가다'라는 의미를 가지고 있다는 것을 의미한다.

② ㄴ

'ㄱ' 다음으로 손꼽는 초성자(자음)는 'ㄴ'이다.

이 모양 또한 고대 문자에서 그 흔적이 발견된다.

'ㄱ'의 모양이 한자에서 정체불명의 기호였던 것과 마찬가지로 'ㄴ' 또한 한자에서는 정체가 불명이다.

일부에서 'ㄴ'을 '숨을 은'자라고 설명하는 경우가 있기는 하지만 이것은 이런 모양의 여러 쓰임을 보았더니 대부분 '숨었다'라는 의미를 띄고 있다는 것을 알아차림으로써 임시방편으로 설명하는 것이지 'ㄴ'자의 정체를 파악한 것이라고 할 수는 없다.

그런데 놀랍게도 '亡'자의 옛 모양에서 우리글 'ㄴ'의 쓰임이 발견된다.

지금 우리가 사용하는 '亡(망할 망)'자는 비교적 단순한 모양이지만 어떻게 무엇으로 '망하다'라는 의미를 나타내는지 설명하기가 쉽지 않다.

하지만 '亡'자의 원래의 모양을 보면 그 속에 'ㄴ'이 담겨 있다는 것을 알 수 있다.

'亡'자의 고대 조선 때의 모양을 보면 놀랍게도 'ㄴ+ㅅ'으로 되어 있다.

亡(망할 망)의 옛 글자
'ㄴ', 'ㅅ'의 모습이 보인다.

亡(망할 망)의 옛 글자들

* 동일한 모양의 글자를 여러 개 소개하는 까닭은 이런 쓰임이 어쩌다 하나가 아니라 당시에는 거의 일상적이었음을 나타내기 위해서다.

'亡'자는 순전히 훈민정음의 초성자(자음) 'ㅅ'과 'ㄴ'의 결합으로 되어 있다.

그리고 'ㄴ'은 모양 그대로 '내려오다', '나오다' 등의 의미를 나타내고 'ㅅ' 역시 모양에서 짐작할 수 있는 것처럼 '내려오다', '솟아오르다' 등 내려오고 올라가는 모양을 나타낸다.

따라서 'ㅅ'과 'ㄴ'의 결합으로된 '亡'의 의미는, 내려오고 또 내려가서 사라지다, 없어지다, (사라져 없어져버렸으므로)망하다 등의 의미를 나타낸다.

'ㄱ'이 '내려오는 하늘'을 강조하는 표현이라면 'ㄴ'은 '내려온 땅' 또는 '내려와 있다'라는 의미를 나타낸다.

'◑'을 이용해서 설명하면, 둥근 원은 하늘의 순환을 나타낸다.

좌변으로 내려와서(좌행) 우변으로 올라가는(우행) 것이 순환의 진행인데, 이 때 좌변을 또 둘로 나누어 하늘이 내려오는 것을 나타낼 때 'ㄱ'을 사용하고 땅에 내려와 있음을 강조할 때 'ㄴ'을 쓴다.

그리고 우변 돌아감을 나타낼 때 닿소리 'ㄷ'을 쓴다.

'ㄱ+ㄴ+ㄷ'='◑'인 셈이다.

繼(이을 계)의 옛 글자
'ㄴ'의 모습이 보인다

作(지을 작)의 옛글자
'ㄴ'의 모습이 보인다

甚(심할 심)의 옛 글자
'ㄴ'의 모습이 보인다

③ ㄷ

훈민정음의 초성자(자음) 세 번째는 'ㄷ'이다. 당연히 나타내려는 본래의 의미가 있지만 오늘 우리는 그 의미가 무엇인지 알지 못한다.

그런데 고대 조선의 문자 '斗'에서 'ㄷ'의 흔적이 발견된다.

斗(말 두)의 옛 글자
글자의 윗부분에 'ㄷ'의 방향이 다른 모습이 보인다.

오늘 우리가 사용하는 'ㄷ'은 입이 우측으로 열린 모양인데 위의 '斗'자의 옛 모양에서 보면 그 모양이 반대로 되어 있다는 것을 알 수 있다.

이것은 지금 우리에게 익숙한 'ㄷ'의 모양이 처음에는 ' コ'의 모양으로 만들어졌을 가능성이 있음을 의미한다.

그 의미를 탐구해보면 'ㄱ'은 하늘에서 내려옴을, 'ㄴ'은 내려와 땅에 있음을 그리고 'ㄷ'은 땅에서 다시 하늘로 돌아감을 의미하는데 이 모양 셋을 합하면 둥근 'ㅇ'의 형태가 되어 '돌아감', '되다' 등의 의미를 나타내기 때문이다.

'ㄷ'의 모양이 언제, 어떻게 지금의 모습으로 바뀌었는지 잘 알 수는 없다.

다음은 'ㄷ'의 흔적을 살펴볼 수 있는 고대문자들이다.

斗(말 두)의 옛 글자들

'斗'자의 음이 '두'인데 그 초성이 'ㄷ'으로 되어 있다는 것을 주목할 필요가 있다.

④ ㄹ

'ㄹ'은 우리 한글 초성자(자음)의 순서에서 4번째에 속하는 글자다.

'두음법칙'의 용례에 따라 지금은 초성에서는 거의 사용되지않고 주로 종성으로만 쓰이는 경향이 있다.

그런데 고대 조선의 문자 '干'에서 'ㄹ'의 흔적이 발견된다.

다음은 '干(방패 간)'의 옛 글자다.

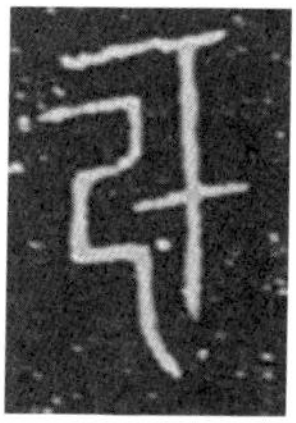

干(방패 간)의 옛 글자
干의 좌측에 'ㄹ'의 모습이 보인다.

'干'자에 보이는 'ㄹ'의 의미는 무엇일까?

지금의 '干'자에는 왜 'ㄹ'이 보이지 않는 것일까?

'干'자는 '위 하늘(二)에서 아래로 가다(丨)'라는 모양과 의미를 나타낸다.

그래서 '干'의 음가(音價)가 '간'이다. '간'은 '가다', '갔다'는 말이다.

그렇다면 하늘이 세상으로 와서 하는 일이 무엇일까?, 아니 하늘은 왜 세상으로 오는 것일까?

그것들을 생각하게 해주는 것이 '干'자의 '방패'라는 의미와 '간'이라는 음가다.

우리말의 '간'은 '가다'의 과거형 '갔다'라는 의미를 나타내고 방패는 '보호'가 목적이다.

따라서 '干'으로 표현된 '방패'의 의미는 '위 하늘이 아래 세상으로 가서(간) 하는 일이 세상을 보호하는 것'이라는 의미다.

그렇다면 '干'의 옛 글자에 더해진 'ㄹ'은 무엇을 의미하는 것일까?

'干'자 만으로도 '하늘(二)이 내려와서(丨) 세상 만물을 지키는 방패(干)가 되다'라는 의미를 나타내기에 충분한데 여기에 또 'ㄹ'을 첨가했다는 것은 '땅으로 내려왔다가 방패가 되어 세상을 지키고 다시 하늘로 돌아가는 의미'를 강조한 것으로 볼 수 밖에 없다.
'ㄹ'의 본래의 의미가 그러하기 때문이다.

'干'의 옛글자에 담긴 'ㄹ'의 자취를 통해서는 우리의 한글 자음의 기원이 한자와 불가분의 관계에 있다는 것을 알 수가 있다.

그리고 또 하나 'ㄹ'의 모습을 가진 한자에 '己(자기 기)'자가 있다.
'己'자는 '몸 기', '자기 기'라는 의미와 소리를 가지고 있는데 글자의 모양이 'ㄹ'과 완전히 일치한다.

글자에서 '모양'이 같다고 하는 것은 33.3%의 동질성을 가지고 있다고 보아야한다. 그렇다면 모양이 같은 한글의 'ㄹ'과 한자의 '己'는 서로 공통점이 있어야 하는데 실제로 두 글자의 쓰임을 보면, 'ㄹ'은 위에서 아래로 흐르고 변하고 또 흐르고 변하고를 반복하는 의미를 담은 글자인데 우리 몸 또한 계속해서 변해가는 것이므로, 'ㄹ'과 '己'는 서로 같은 의미를 나타내는 것이라고 할 수 있다.
'干'의 옛 글자에 담긴 'ㄹ'은 한자와 한글이 서로 같은 주체에 의해서 동시대에 만들어졌다는 것을 말해주는 강력한 증거라고 할 수 있다.
다음은 고대 문자에 남아있는 'ㄹ'의 흔적들이다.

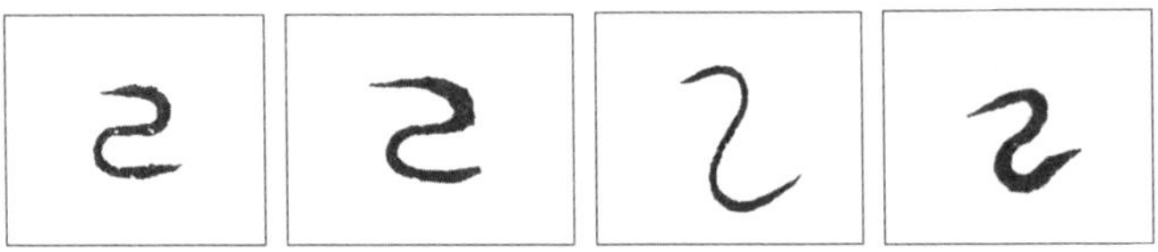

己(몸 기, 자기 기)의 옛 글자

'ㄹ'의 의미를 담고 있는 또 하나의 문자가 '弓'자다.

'弓'자는 '활'을 나타내는데 이 모양과 활의 모양은 어딘가 동일한 점을 찾기가 어렵다. 왜냐하면 '弓'자는 '활'의 모양을 가지고 만든 문자가 아니기 때문이다. 그렇다면 '활'을 '弓'으로 표현한 사람들의 생각은 무엇일까?

'弓'은 '己', 'ㄹ'과 모양이 같다. 따라서 이 셋은 일부분이라도 공통점이 있어야 한다.

실제로 '弓'은 '궁'이라는 소리가 생명이다. 그리고 '궁'은 '하늘에서 내려오다'가 본래의 의미다.

임금이 거주하는 곳을 '궁(宮)'이라고 부르는데 '궁'의 의미는 '하늘(임금)이 내려온다'라는 의미다.

임금이 계신 궁궐은 일반 백성이 거주하는 공간과는 엄밀히 구분된다.

궁궐에 진입하면 여러 개의 구름다리를 지나게 되는데, 이것은 임금이 계신 그곳이 바로 하늘과 같다는 것을 나타내기 위한 방편이다.

땅에 내려온 하늘이 바로 궁이다. 그래서 '궁'에는 '내려오다'라는 의미가 내포되어 있다.

이렇듯 '하늘→내려옴'을 '궁'이라 부른 사람들이 '활→불 일으킴'을 같은 구조로 여겨 '활(弓)'을 '궁'으로 부른 것으로 보아야 한다. 불을 일으키는 도구가 '활'이었던 것이다.

활은 원래 불을 일으키는 도구로 만들어진 것이었다.

'활비비'라는 유물이 있는데 화살을 활로 감아서 빠르게 회전시키면 마찰로 인해 불을 얻을 수 있었던 것이다.

우리말에 '불이 활활 타오른다'라는 표현이 있는데 이 말은 활을 이용해서 불을 일으켰던 과거의 경험에서 비롯된 표현이다.

불이 타오르는 것을 '활활'이라고 표현하는 것은 원래 불이 활에서 나왔다. 즉 활은 불을 일으키는 도구였다는 것을 의미한다.

다음은 'ㄹ', 'ㄹ'의 모양을 닮은 '弓'자의 옛 글자와 '云(이를 운)'의 옛 글자다.

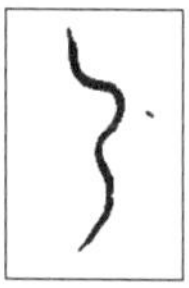

弓(활 궁)의 옛 글자
'ㄹ'의 진행하는 의미가
내림으로 보인다

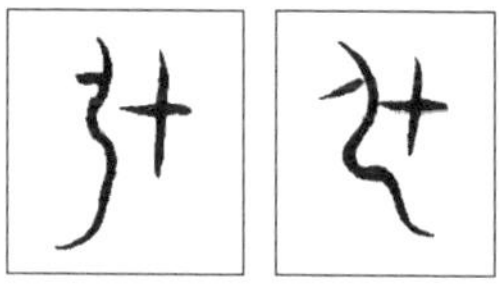

홍익(弘益)의 弘자
ㄹ'의 흔적이 보인다

'ㄹ'과 동일한 의미를
나타내는 云(이를 운)자

心(마음 심)의 옛 글자
마음은 위 하늘이 내려오는
것이란 의미

⑤ ㅂ(ㅁ)

우리 글자의 초성자(자음) 'ㅂ'은 무엇을 나타내기 위해 어떻게 만들어진 것일까?

우리가 우리 글자의 기원을 모르니 답답할 수 밖에 없다.

'ㅂ'은 'ㅁ'의 모양에서 위로 두 개의 기둥이 솟아 있는 것이 특징이다.

'위를 향해 솟은 두 개의 기둥'. 이 기둥의 의미는 무엇일까?

위는 하늘이 있는 곳이고 위를 향해 솟았다는 것은 위 하늘을 지향한다는 의미다. 땅(ㅁ)에서 하늘을 지향한다는 의미를 나타내기 위해 'ㅁ'에 위로 두 개의 뿔을 세워서 'ㅂ'을 만든 것이다.

밝다, 붉다, 발갛다, 불, 발 등 'ㅂ'으로 시작되는 우리말의 대부분이 하늘의 속성을 담고 있는 것은 그 때문이다.

이 'ㅂ'의 흔적이 고대 조선의 문자에 남아있다.

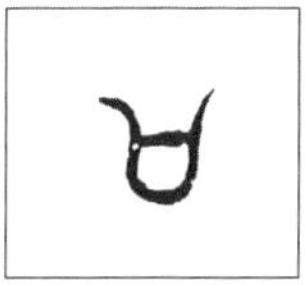

'ㅂ'의 모양, 지금은 'ㅁ'으로 통용되고 있다

위에 소개한 글자는 고대 조선 동이족이 사용한 'ㅁ'의 모습이다.

지금 우리로써는 'ㅁ'보다는 'ㅂ'이라고 주장해도 무리가 아닐만큼 'ㅂ'의 모양을 닮은 것이 사실이다.

그렇다면 조선 동이 선인들은 왜 'ㅁ'을 'ㅂ'처럼 나타냈을까?

그것은 우리 몸을 생각해보면 이해하기가 어렵지 않다. 우리 몸은 몸만으로 존재할 수가 없다. '몸'이라 일컬어지는 매 순간 몸은 마음을 담고 있게 된다.

이런 이유로 '몸'은 언제나 '마음과 몸'이다.

우리 몸과 마음이 그러한 것처럼 하늘과 땅의 관계가 또 그러하다.

그래서 고대 조선에서는 땅에 담긴 하늘을 강조하여 'ㅁ'을 'ㅂ'처럼 나타냈던 것이다.

아래는 그 속에 'ㅂ'을 담고 있는 고대의 문자들이다. 처음 'ㅂ'이었던 모양은 지금은 'ㅁ'으로 바뀌어 사용되고 있다.

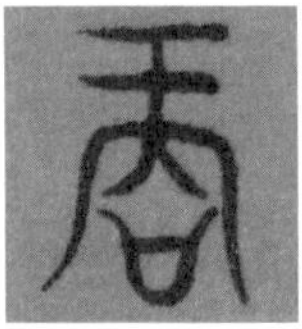

商(헤아릴 상)의 옛 글자
'ㅂ'의 모양이 보인다

壽(목숨 수)의 옛 글자
두 개의 'ㅂ'이 보인다

君(임금 군)의 옛 글자
'ㅂ'의 모양이 보인다

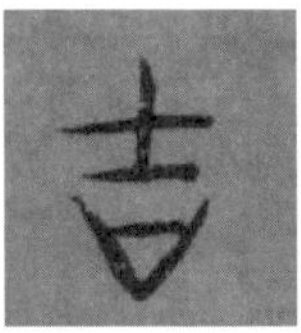

吉(길할 길)의 옛 글자
세 개의 'ㅂ'으로 되어있다
밑에 'ㅂ'의 모양이 보인다

如(같을 여)의 옛글자
우측에 'ㅂ'이 보인다

品(물건 품)의 옛글자
'ㅂ'의 모양이 보인다

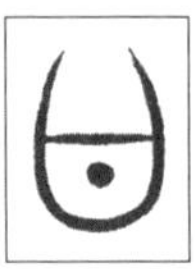

甘(달 감)의 옛 모양
'ㅂ'의 모양 그대로다.

⑥ ㅅ

우리글 초성자(자음) ‘ㅅ’의 의미는 ‘中央(중앙)’이라는 한자에서도 살펴볼 수가 있다.

‘中(가운데 중)’과 ‘央(가운데 앙)’은 두 글자 모두 ‘가운데’라는 동일한 의미를 나타낸다.

그런데 자세히 들여다보면 의미만 같은 것이 아니라 ‘口’을 공유하고 있다는 점도 서로 같고 모양도 비슷하다.

차이가 있다면 중앙의 ‘ㅣ’과 ‘ㅅ’의 모양이다.

비록 ‘ㅣ’과 ‘ㅅ’의 모양으로 구별되기는 하지만 나타내는 의미가 같으므로 실상은 ‘ㅣ’과 ‘ㅅ’ 또한 같은 의미를 나타내는 것으로 보아야 한다.

실제로 고대 문자와 우리 말의 쓰임에서 보면, ‘ㅣ’과 ‘ㅅ’은 그 의미가 서로 같다.

‘ㅣ’은 ‘상하로 통하다’라는 의미를 담은 기호문자고 ‘ㅅ’은 우리말 ‘솟아오르다’, ‘수그리다’ 등의 쓰임에서 보듯이 '위에서 아래로', '아래에서 위로'의 진행을 나타낸다.

다시 말하면, 상하운동, 상하작용이라는 측면에서 보면 ‘ㅣ’과 ‘ㅅ’은 서로 같은 것이다.

우리 ‘ㅅ’의 의미가 그러하다.

위에서 아래로, 아래에서 위로의 순환, 소통을 나타내는 우리의 자음 ‘ㅅ’의 의미다.

다만 '위에서 아래로'의 방향이 '아래에서 위로'의 방향보다 언제나 우선이므로 'ㅅ'은 대부분 '위에서 아래로'의 방향을 나타낸다.

다음은 고대 문자에 남았는 'ㅅ'의 흔적들이다.

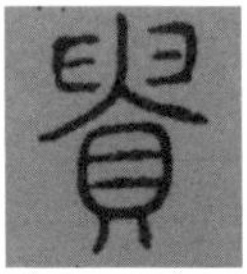

貴(귀할 귀)의 옛 글자
윗부분에 'ㅅ'이 보인다.
내려온다는 의미다.

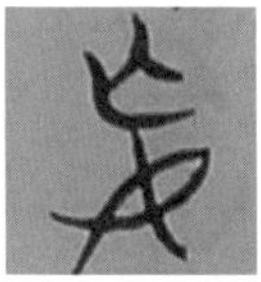

妄(허망할 망)의 옛글자
亡자에 'ㅅ'이 담겨있다

內(안 내)의 옛 글자
안에 'ㅅ'이 보인다.

人(사람 인)의 옛 글자
사람을 왜 이렇게 나타낼까?

召(부를 소)의 옛 글자
윗 부분 '刀'의 모습이 'ㅅ'과 닮았다

위에 소개한 글자 가운데 召(부를 소)에 대해서는 약간의 설명이 필요하다.

'召'의 윗 부분 '刀'는 '칼 도'자이지만 '刀'는 또 'ㅣㅣ'로도 쓴다는 점을 떠올릴 필요가 있다.

'ㅣㅣ'은 두 개의 'ㅣ'으로 되어 있으며 앞에서 'ㅣ'과 'ㅅ'이 서로 같다는 것에 대해서는 설명한 바가 있다.

이러한 이해 위에 '召'의 '부르다'라는 의미를 생각해야 한다.

'부른다'는 것은 '부르는 곳'과 '부르는 주체'가 있다는 것을 의미하며 따라서 '~~에서 ~~로'라는 '방향성'을 내포하고 있는데 '召'자에는 '하늘과 땅'이 담겨 있으며 하늘과 땅의 관계에서 보면, 하늘은 언제나 완전이고 땅은 불완전이다. 따라서 땅은 불완전하므로 완전해지기 위해 하늘 향해 부르게 되는데 이 부름에 따라 하늘은 땅으로 내려온다.

'召'자는 이처럼 '땅에서 부르면 하늘이 내려온다'라는 의미를 담고 있다.

'召'의 이러한 풀이가 타당한지를 알기 위해서는 '谷'자와 비교하는 방법도 있다.

'谷(골 곡)'자의 윗 부분 '仌'은 두 개의 'ㅅ'으로 되어 있다. 두 개의 'ㅅ'은 '내려오고 또 내려오고'를 나타낸다. 그러니까 '谷(골 곡)'의 '골'은 '하늘에서 내려오고 또 내려온 사람들이 모여사는 고을'이란 의미다.

'谷'자에서의 두 개의 'ㅅ'과 '召'자에서의 두 개의 'ㅣ'이 '위 하늘에서 내려오다'라는 서로 같은 의미라고 말하는 배경이다.

위 하늘은 크고 완전한데 크고 완전한 하늘로부터 갈라져 일부가 내려왔으므로 원래 큰 하늘에 비해서 내려온 것은 언제나 작다.

그래서 '召'를 '소'라고 발음한다.

'召'나 '谷'의 윗 부분은 모두 우리 한글의 'ㅅ'과 의미가 같다.

'ㅅ'의 의미를 아는 사람들이 '召'와 '谷' 등의 글자를 만들었다고 볼 수 밖에 없다.

召(부를 소)자는 한자의 음가가 우리 한글과 긴밀하다는 것을 말해주는 사례중의 하나라고 할 수 있다.

⑦ ㅇ

우리 초성자(자음) ‘ㅇ’의 흔적은 ‘公(공변될 공)’자를 비롯한 다음의 한자에서 확인할 수가 있다.

지금의 ‘公’자에서는 찾아볼 수 없지만 아래 고대 조선의 문자에는 이렇게 우리 한글의 초성자(자음) ‘ㅇ’이 담겨 있다는 것을 확인할 수 있다.

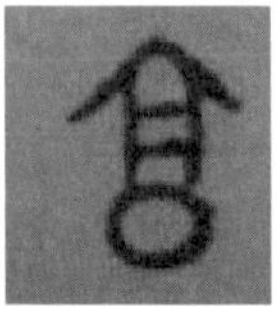

‘亨’의 옛 글자
‘ㅇ’의 모양이 보인다

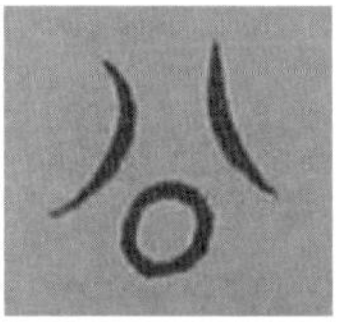

‘公’의 옛 글자
‘ㅇ’의 모양이 보인다

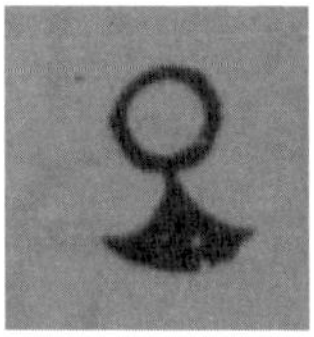

工(장인 공)의 옛글자
한글로는 ‘오’의 의미

呂(음률 려)의 옛글자
두 개의 ‘ㅇ’이 보인다

基(터 기)의 옛 글자
밑에 土대신‘ㅇ’이 보인다

環(고리 환)의 옛 글자
두 개의 ‘ㅇ’으로 되어 있다

‘公’의 옛 글자에서는 ‘ㅇ’의 의미를 읽어낼 수도 있다.

‘公’자의 ‘공변되다’라는 의미는 ‘사적이지 않다’, ‘닫혀있지 않고 열려있다’, ‘개방되었다’, ‘하늘 향해 열려있다’, ‘세상을 향하여 열려 있다’라는 의미다.

따라서 '公'자에서 '八(여덟 팔)'자는 우리의 두 팔이 좌우로 열리고 닫는 것처럼 '열리다'라는 의미를 나타내고 그 아래 둥근 모양은 '하늘'의 형상인 둥근 모양의 공을 의미한다.

'公'자의 음가인 '공'에서 '공'의 종성 'ㅇ'의 모습이 그대로 유지되고 있다는 것을 알 수 있다.

⑧ ㅣ

'ㅣ'자는 '뚫을 곤', '꽂을 곤', '상하로 통할 신' 등 복수의 의미와 소리를 가지고 있는데, 특히 '상하로 통할 신'을 주목할 필요가 있다.

상하로 통한다는 것은 위에서 아래로, 아래에서 위로의 소통이 가능하다는 의미다.

그런데 그 의미와 모양이 동일한 글자가 한글에서도 그대로 발견된다.

우리 글자의 중성자(모음)에 속하는 'ㅣ'이 그것이다.

그러니까 우리의 글자 모음의 'ㅣ'는 고대 조선에서 'ㅣ'과 모습과 의미가 같다.

아쉽게도 우리가 우리글 'ㅣ'의 의미를 잘 모르기 때문에 고대 조선의 문자 'ㅣ'과의 관계를 서로 연관지어 생각하지 못하는 것일 뿐이다.

고대 조선으로 돌아가면 'ㅣ'과 'ㅣ'은 서로 같다.

의미는 생긴 모양 그대로 위에서 아래로 '내려오다' 또는 아래에서 위로 '올라가다'라는 것이다.

하나의 차원에서 다음 차원으로의 진행을 의미하기도 한다.

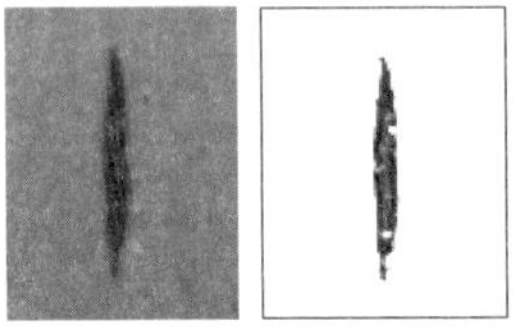

ㅣ(뚫을 곤,
상하로 통할 신)의 옛 글자

攸(바 유)의 옛글자

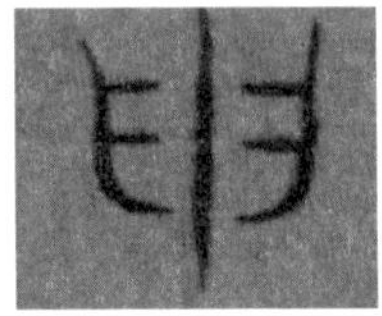

申(아홉째 지지 신)의 옛글자

⑨ ㅏ

초성자 'ㄱ,ㄴ,ㄷ,ㄹ,ㅁ,ㅂ,ㅅ,ㅈ,ㅊ,ㅋ,ㅌ,ㅍ,ㅎ'과 합하여 '가,나,다,라,마,바,사,아,자,차,카,타,파,하'를 만드는 중성자(모음, 홀소리)가 'ㅏ'다.

'ㅏ'의 의미나 기능은 무엇일까?

궁금한 사실은 앞에서 설명한 신성문자(2) 한자편을 참고하기로 하고 우선 고대 조선의 문자에서 'ㅏ'와 관계가 있다고 여겨지는 흔적을 찾아보기로 하겠는데 먼저 떠오르는 문자에 '卜(점 복)'자가 있다.

우선 '卜'자와 'ㅏ'는 모양이 같다.

그런데 더 놀라운 것은 두 글자의 의미도 같다는 점이다.

'卜'자는 '점 복'자로, '점을 복이라고도 한다'는 의미다.

언뜻 생각하면 '점'도 모르고 '복'도 모르니 무엇이 같은지 알 수 없지만, '점'은 모양이 둥글고 '복'은 하늘과 하나됨과 하늘의 운행을 의미하니 둥근 모양의 점을 둥근 모양으로 상징되는 하늘의 상징으로 보는 것은 일면 타당한 면이 있다고 여겨진다. 우리의 점치는 행위는 그래서 하늘의 어떠함을 알아차리려는 행위라는 것을 알 수 있다.

그리고 '卜'자는 'ㅣ'과 '丶'의 합체자다. 'ㅣ'자는 '상하로 통할 신' 이라는 음훈에서 처럼 위에서 아래로, 아래에서 위로의 소통을 의미하고 여기에 더해진 '丶'은 진행, 작용을 의미한다.

따라서 '卜'이란 이 세상에 내려온 하늘의 운행, 작용을 나타낸다.

이런 이해가 바탕이 되면 'ㅏ'의 의미를 읽어내는 것이 가능하다.

'ㅏ' 역시 'ㅣ'과 '丶'의 합체자이기 때문이다.

우리 글자에서 'ㅏ'는 'ㅓ'에 상대되는 양(陽)적인 쓰임을 의미한다.

그러니까 하늘에서 내려와(ㅣ) 진행하는 방향에는 먼저 2개가 있는데 하나는 오른쪽으로의 진행(ㅏ)을 나타내고 다른 하나는 왼쪽으로의 진행(ㅓ)을 나타낸다.

따라서 'ㅏ'와 'ㅓ'는 초성자(자음)의 관점에서 보면 좌우의 쓰임을 구분해서 나타내는 기호문자인 것이다.

ㅏ(점 복)의 옛 글자, 'ㅏ'와 모양이 같다

外(밖 외)
우리말 바깥은 해가 걸어가는(夕) 쪽, 즉 해가 있는 쪽을 말한다.

'攴' 자의 윗 부분에 'ㅏ'의 모습이 보인다.

卜(점 복)을 'ㅓ'로
표기한 흔적도 등장한다.

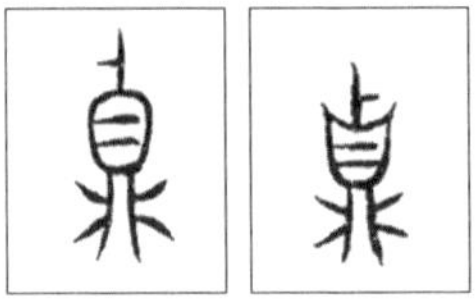

옛 鼎(솥 정)자에 남아 있는
'ㅏ'와 'ㅓ'의 흔적

⑩ ㅡ

'ㅡ'는 그 모양과 의미가 고대 조선의 문자인 '一'과 같다.

고대 조선 문자에서 '一'은 '한 일'이라는 훈음을 가지고 있는데 이는 '하늘을 일이라고도 한다'는 것으로, '땅에 내려온 하늘'이란 의미다.

하지만 용례에서 보면 '一'은 두 개의 의미로 쓰이고 있다는 것을 알 수 있는데, 글자의 윗 부분에 쓰이면 '하늘'을 나타내고 글자의 아랫부분에 쓰이면 '땅'을 나타내는 것이 바로 그것이다.

그런데 이러한 의미가 우리의 한글 중성자 'ㅡ'와 정확하게 일치한다.

중성자에 '一'을 공유하고 있는 그,느,드,르,므,브,스,으,즈,츠,크,프,흐 등이 모두 땅에 내려온 하늘의 어떠함을 나타내는 것으로, 한글에 쓰인 '一'의 의미가 한자에서 사용되는 '一'의 의미가 일치한다.

다음은 고대 문자에서 발견되는 '一'의 모습이다.

旦(아침 단)의 옛 글자
아직 해가 땅에 닿아있는 아침이라는 의미
아랫부분 '一'이 둥그스름한 모양으로 되어 있는 것은 하늘을 지향하는 땅의 속성을 나타낸다.

今(이제 금)의 옛 글자
글자의 아랫부분에 '一'이 보인다.

立(설 립{입})의 옛글자
위에 두 팔 벌린 사람의 모습과 그 아래 '一'의 모습으로 나누어 볼 수 있으며 아랫 부분이 사람이 발을 디디고 선 땅을 나타낸다. 땅에 서 있는 사람의 모습으로 '서다'라는 의미를 나타내고 있다는 것을 알 수 있다.

⑪ ㅗ

'ㅗ'는 '오르다'라는 의미를 나타내는 중성자(모음, 홀소리)다.

아래 '一'은 땅을 나타내고 'ㅣ'은 화살표의 '↑'처럼 위, 하늘을 지향한다는 의미를 나타낸다.

그런데 'ㅗ'와 의미가 동일한 모양이 옛 고대 조선의 문자에서 발견된다.

흙을 나타내는 '土(흙 토)'자가 그것이다.

'土'자는 흙을 나타내는데, 모양은 땅 위로 솟아난 싹으로 되어 있다.

흙의 덕목은 싹을 내고 자라게 하는데 있다는 의미다.

부연하자면 '싹을 토해낸 땅'의 의미를 나타내기 위해 'ㅗ'와 모양이 닮은 '土'자를 만들고 '흙 토'라고 하는 것이다.

'土'의 '토'라는 음가는 우리말 '토하다', '토해내다'와 동일한 것으로 '싹을 토해낸 땅'이라는 의미를 강조하기 위해 붙여진 음가라는 것을 알 수 있다.

이처럼 '土'자는 땅 위로 솟아난 싹을 나타낸 것이고 우리 중성자(모음, 홀소리)의 'ㅗ' 역시 위로 솟아 오른다는 의미이므로 두 글자의 의미는 동일하다고 할 수 있다.

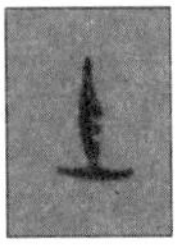

土(흙 토)의 옛 글자.
'土'자는 땅 위로 싹이 돋아난 모양을 이용해서 만들었다. 싹을 토해낸 바탕을 강조해서 이 모양으로 흙을 나타내는 것이다.

⑫ ㅜ

'ㅗ'가 '↑'의 방향을 의미한다면 그에 상대되는 '↓'의 방향을 나타내는 중성자(모음,홀소리)가 'ㅜ'다.

'ㅗ'와 'ㅜ'가 상대적이라는 것은 두 글자의 기원이 'ㅡ'를 기준으로 위와 아래에 '•'을 찍어 그 쪽 방향으로의 진행을 나타낸다는 것을 통해서 유추가 가능하다.

'ㅗ'가 '오르다'를 나타낸다면 'ㅜ'는 '내려가다'라는 의미를 나타낸다.

물(水)을 '수'라고 하고 비(雨)를 '우'라고 하는데 이때의 'ㅜ'는 아래를 향한다는 의미다. 실제로 물이나 비는 위에서 아래로 흐르는 자연의 속성을 나타내는 대표적인 상징물이다.

그런데 고대 조선의 문자 '示(보일 시)'자와 '陽(볕 양)'자에서 우리의 중성자(모음, 홀소리) 'ㅜ'의 흔적이 보인다.

示(보일 시)의 옛 글자
가운데 'ㅜ'의 모습이 보이는데,
'위에서 아래로 내려오다'라는 의미를 나타낸다.

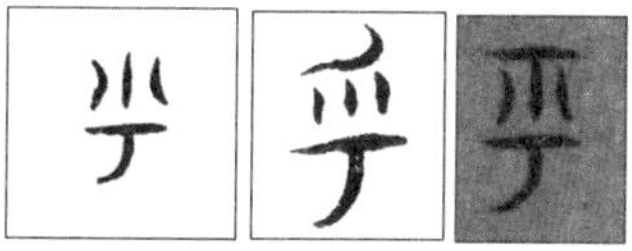

乎(어조사 호), 平(평평할 평)의 옛 글자
아랫부분에 'ㅜ'의 흔적이 보이는데,
의미는 역시 '위에서 아래로 내려오다'라는 것이다.

陽(볕 양)의 옛 글자
좌측 아래에 'ㅜ'의 흔적이 보이는데,
해로부터 내려오는 햇볕(해의 볕)을 나타낸다.

5. '반갑습니다'

'반갑습니다'는 한국인의 독창적인 인사말이다.

처음 만나는 사람에게도 오랜만에 다시 만나는 사람에게도 언제든지 편하게 사용하는 인사말이 '반갑습니다'다.

명확하지는 않지만 무언가 '기다렸다', '애타게 기다리던 대상을 만났다'라는 듯한 의미를 내포한 것으로 여겨지는 '반갑습니다'의 의미는 무엇일까?

어렵게 느껴질지 모르지만 그러나 고민할 필요도 없다.

'반갑습니다'는 '반과 같습니다'라는 우리말 그대로 이기 때문이다.

'고대하고 고대하하던, 나와 만나 하나가 될 대상을 만났으니 기쁘기 짝이 없습니다'라는 자기 고백이 '반갑습니다'라는 인사말이다.

'반갑습니다'는 '반과 같다'는 말이고 '반'은 '절반' 즉 50%를 의미한다.

그리고 50%는 또 다른 50%를 전제한다.

그래서 '짝'이다.

'짝'은 합해서(50%+50%) 하나(100%)되는 관계라는 의미에서 '반'과 같다.

'별이 반짝이다'라고 할 때의 '반짝'이 바로 50%의 불완전을 의미한다.

'첫 눈에 반했다'라고 할 때의 '반했다' 역시 50%의 불완전한 존재가 완전하게 될 나머지 50%를 만나 짝으로 여겼다는 말이다.

한국인이 언제부터 '반갑습니다'라는 인사말을 사용하기 시작했는지 그 기원을 찾아 거슬러 올라가면 아마도 고대 조선에 이를 수 밖에 없을 것이다.

고대 조선의 가치관, 세계관, 우주관이 아니고는 그러한 표현 자체가 불가능하다고 볼 수 있기 때문이다.

동물이든 식물이든 그 계보를 찾을 수 있듯이 우리말의 계보를 찾는 것도 가능한데 고대 조선을 알면 그들에게 '반갑습니다'는 하나됨을 향한 아주 자연스러운 표현의 하나라는 사실을 금방 알 수 있다.

우리 역사와 문화와 철학과 민속을 통틀어 우리다움을 추출한다면 그것이 바로 하나됨이라고 할 수 있으며 이는 고대 조선인의 절대적 가치관이라고 할 수 있으므로 우리 것의 뿌리는 고대 조선으로 집중된다고 할 수 있다.

그리고 고대 조선의 가치관을 정리하면 하나(一)와 둘(二)과 셋(三)으로 구분해 볼 수가 있는데 이는 천부경(天符經)에서 말하는 바와 정확하게 일치한다.

하나(一)는,

온통 세상을 하나로 둘러 싼 하늘 그 하나로 보겠다는 의미라고 할 수 있다.

우리가 '하늘'이라고 할 때의 여러 의미 가운데 하나는 우리가 보거나 듣거나 인식하거나 심지어 인식하지 못하는 것들까지 온통 망라하는 개념으로써의 하나를 의미한다.

둘(二)은,
세상을 음과 양의 둘로 나누어 보겠다는 의미라고 할 수 있다.
보통 '음양(陰陽)'은 상대적 관계를 비유해서 일컫는 철학적 표현이다.
천지(天地), 주야(晝夜), 남녀(男女), 내외(內外), 고저(高低), 대소(大小), 장단(長短) 등 세상에는 서로 반(짝)의 관계에 있는 것들이 무궁한데 세상을 이처럼 '짝'의 관계로 보겠다는 인식의 표현이라고 할 수 있다.

셋(三)은,
세상에는 반, 짝 등 둘의 관계로 된 것들도 있지만 그러나 둘의 관계로는 설명하기 어려운 셋의 관계들이 또 존재한다.
봄이 되면 모락모락 아지랑이가 피어오르는데 이 아지랑이는 겨우내 얼었던 땅이 따뜻해지는 햇빛을 받아 일어나는 세 번째 현상이다.
여름철 뜨거운 햇살을 피해 그늘을 찾지만 여전히 밀려드는 해의 열기가 세 번째다.

빛과 빛을 가리는 사물이 있으면 생겨나는 그림자와 같은 것이 세 번째다.

하늘과 땅이 있으면 저절로 생겨나는 만물처럼 세상에는 '셋'의 관계로 볼 수밖에 없는 현상들이 즐비하다.

이것은 마치 하늘이 있고 땅이 있고 세 번째인 만물이 또 따로 있는 것처럼 세상에는 '셋'의 관계로 볼 수밖에 없는 현상들이 즐비하다.

이처럼 복잡 다단한 세상에서의 관계들을 일목요연하게 설명하는 논리적 틀이 바로 하나와 둘과 셋 즉 '천지인'이며 또 '하늘'과 '하늘 · 땅'과 '하늘 · 땅 · 만물'이다.

그렇다면 이처럼 세상을 하나와 둘과 셋의 관계로 보는 것 자체로 충분한가?

그렇지 않다. '둘'의 가치관이든 '셋'의 가치관이든 그 속에는 강력한 하늘의 명령 즉 '천명(天命)'이 숨겨져 있다.

『사기(史記)』《書》에 다음과 같은 구절이 있다.

"천명(天命)을 받은 자 어찌 봉선(封禪)을 행하지 않을 수 있으랴!!"

봉선(封禪)은 천자(天子)가 하늘에 드리는 제사로, 천자가 하늘에 제사를 드리는 것을 자랑스럽게 여기는 것은 천자의 신분이 하늘에 속해있다는 것을 세상에 알리는 행위이기 때문이다.

제사는 하늘과 하나되는 의식, 의례로써 세상에서 하늘과 '하나됨'을 체험하는 일종의 '체험활동'으로써의 문화행사였던 것이다.

전통사회에서 천자는 이처럼 하늘에 제사드리는 것을 천명(天命)으로 여겼다.

천자가 그러했던 것처럼 고대 조선인들의 인식이 또 그러했다.

천자가 하늘 제사를 천명으로 여긴 것처럼 고대 조선인들도 제사를 스스로의 천명으로 여겼는데 그 흔적이 바로 우리의 '살림'. '살림살이' 등의 생활용어다.

천명사상의 핵심은 '하나됨'이라고 바꾸어 말할 수 있으며 하나됨을 실천하는 방법이 조선의 '살림', '살림살이'였던 것이다.

우리의 건국이념인 홍익(弘益)은 이 '살림살이'의 한자식 표현이기도 하다.

따라서 '반갑습니다'를 나눌 때마다 자기의 부족한 50%를 채워 완전하게될 짝으로 여겼던 고대 조선인들의 절실함을 상기해야 한다.

오늘 우리가 일상에서 사용하는 '반갑습니다'라는 인사말의 기원을 찾아가다보면 이처럼 고대 조선에 이를 수 밖에 없다.

'반갑습니다'라는 인사말은 조선의 가치관 중에서도 '둘'의 세계관, 우주관, 가치관을 배경으로 만들어졌다.

하늘의 '하나됨'이라는 명령을 깊이 천착하고 이를 책무로 여겨 만나는 대상마다 하나됨의 대상으로 여겼다는 사실을 반영하는 인사말이 우리의 '반갑습니다'다.

우리말의 '짝'도 '반'과 내용이 동일하다.

'반'이 50%를 내용으로 한 표현이라면 '짝'은 '합해서 하나'를 의미하는 표현이다. 10% : 90%이든 30% : 70%이든 넘치면 덜어내고 부족하면 채워서라도 하나를 이룰 상대로 여긴다는 의미다.

따라서 우리 스스로가 50% 밖에 되지않는 불완전한 존재라는 인식이 절실하면 할수록 '반갑습니다'라는 인사말의 진정성이 달라진다.

하나되어야 할 명령에 쫓기는 절실한 심정이어야 '반갑습니다'라는 인사말의 진정성이 극대화될 것이다.

이제 그러한 심정으로 주위에 만나는 모든 사람을 대상으로 '반갑습니다'를 실천해야 한다.

아마도 우리가 '반갑습니다'라는 인사말의 의미를 알아차리고 하나가 되라는 하늘의 명령에 대한 절박한 심정으로 주위의 만나는 사람들마다 '반갑습니다'라는 인사말을 나눌 수 있다면 고대 조선의 선인들이 꿈꾸었던 세상, 조선의 선인들이 이루려고 했던 궁극적 삶의 철학 즉 '하늘과 하나되기'의 실현도 불가능한 일은 아닐것이라 생각한다.

신개념 한자 학습서 4

황금제국 조선의 신성문자

1판 1쇄 발행 2024년 12월 5일

지은이 조옥구
펴낸이 김병환
펴낸곳 학자원
편　집 김지은
주　소 서울시 강동구 천호대로 1121 일성하이츠오피스텔
전　화 02-6403-1000 / 팩　스 02-6338-1001
전자우편 hakjaone@daum.net
출판등록 2011년 3월 24일 제2011-14호

ISBN 979-11-6247-334-4 04700
979-11-87806-80-6 (세트)
값 20,000원